JEAN
SOULARD

La santé dans les grands plats

Éditeur :
Éditions Anne Sigier
2299, boul. du Versant-Nord
Sainte-Foy, Québec
G1N 4G2 (418) 687-3564

Photographe :
Pierre Fleury

Conseiller technique
Marcel Labadie – Graphiscan

Graphiste :
Gilbert Bochenek

Composition :
Robert Charbonneau

Dépôt légal :
2e trimestre 1990
Bibliothèque nationale du Canada
Bibliothèque nationale du Québec

ISBN :
2-89129-139-5

Imprimé au Canada

JEAN SOULARD

La santé dans les grands plats

ANNE
SIGIER

À ceux qui, sur mon chemin,
m'ont aidé à devenir l'homme
que je suis.

À ceux qui, dans le métier,
n'ont rien négligé pour que
je devienne un bon cuisinier.

Ann Payne, diététiste, a rédigé les
conseils « santé » de ce livre. Elle m'a aidé
à bien équilibrer les menus proposés.
Je tiens à lui exprimer ma reconnaissance.

Merci également à **Céline Kirouac**, nutri-
tionniste, pour sa bonne collaboration.

Biographie

Jean Soulard est né le 28 décembre 1952 à la Gaubretière, petit bourg de 2000 âmes, dans le bocage vendéen, à 50 km de la Roche-sur-Yon, en France.

Ses parents, comme ses grands-parents, étaient dans l'alimentation. Leur maison abritait d'un côté une boulangerie et de l'autre une petite auberge.

Jean Soulard étudie à l'école communale. En 1966 il entre à l'École hôtelière de Saumur où, durant trois années, il apprend les bases de la cuisine. Il sort de cette école hôtelière finaliste du « Meilleur apprenti-cuisinier de France ».

1969

France – Angers, Chamonix, Oléron
Commis de cuisine dans les restaurants de saison.

1970

France Corse – « Eden Roc », Ajaccio
Commis de cuisine et pâtisserie – Cuisine méridionale.

1971

Suisse – Hôtel « Palma au Lac », Locarno
Commis garde-manger dans « l'École du froid ».

1972

Angleterre – « Restaurant Maison Prunier », Londres
Chef saucier dans le royaume du poisson.

1973

France – Service militaire obligatoire. Chef cuisinier
au Mess des Officiers de Suippes.

1974

France – « L'Auberge du Père Bise », Talloires près d'Annecy
La Maison la plus cotée de l'heure. Grâce à ce stage,
les soufflés de truite, gratins d'écrevisses et omble chevalier
n'ont plus de secrets pour lui.

1975

Canada – Hilton Reine Elizabeth à Montréal.
Quelques mois plus tard, « chef », à l'ouverture du restaurant
« L'Éperlan » dans le Vieux Québec. Il n'a que 23 ans.

1976 à 1979

Asie – Guam Hilton, d'abord comme sous-chef,
puis comme chef exécutif. Il côtoie les différentes cultures
et cuisines, dans les « Hilton » de Tokyo, Hong-Kong, Manille.

1979

Canada – Retour dans la ville de Québec.
Il est depuis ce temps chef exécutif du
« Hilton International Québec ».

Médaillé d'or de plusieurs concours nationaux et internationaux, il est nommé en 1987 « Chef de l'année » par un jury de spécialistes de la gastronomie du journal **The Gazette**.

En 1989, il est choisi « Chef de l'année » par ses pairs de l'Association des chefs-cuisiniers et pâtissiers de la province de Québec.

Un grand chef : Jean Soulard

Quel privilège de pouvoir pénétrer dans la cuisine d'un grand chef !

Il règne en ces lieux un esprit étonnant, né à la fois du travail, de la compétence, de l'harmonie et du silence. Chacun est à sa place et donne le meilleur de lui-même, qui dans les fonds et les sauces, qui aux légumes, qui dans la présentation de l'assiette. Au fourneau tout est parfaitement orchestré, un chateaubriand pour la cinq, une grillade à point pour la deux, une dorade bien grillée pour la six et ça marche ! Les gestes sont vifs, précis, professionnels.

On devine derrière ces hommes un chef à la hauteur ! Le génie de Jean Soulard est dans la parfaite maîtrise de son métier, dans son sens de la discipline et surtout dans la qualité de la relation qu'il crée avec tous ceux qui travaillent avec lui.

Ce chef est respecté et aimé.

Son autorité est basée sur la confiance réciproque. Il écoute, il conseille, il partage son savoir-faire, il ne craint jamais de mettre la main à la pâte. En un mot, il crée le climat pour que le rendement soit à la satisfaction de tous : de ceux qui cuisinent comme de ceux qui dégustent.

Jean Soulard a parfaitement saisi l'importance d'une bonne organisation. Il connaît bien les gens de sa brigade ; chacun a le poste qu'il mérite et du même coup la confiance et la liberté dans son domaine, d'où ce formidable esprit d'équipe et la renommée de cette cuisine. Pour le plus grand comme pour le plus petit, l'accueil est toujours le même. Jean Soulard donne à chacun la chance d'être le meilleur, et pour cela il ne néglige aucun conseil, aucun encouragement ; il propose bien plus souvent qu'il impose.

Il a remporté de très grands prix dans la restauration ; le succès, les coupes et les trophées n'ont aucune prise sur sa simplicité. « C'est en cuisine, avec mes employés, en épluchant les légumes que je me sens bien. L'équipe est essentielle pour moi. On ne devient pas tout seul ce que l'on est », dit-il souvent. L'humilité est toujours synonyme de vérité. Les vrais artistes sont les plus humbles.

Pour ce jeune chef, l'art consiste à mener tout ensemble la vie professionnelle, la vie familiale et l'équilibre personnel. Il a le souci de la qualité de la vie. Il cherche constamment à parfaire ses connaissances sur tous les plans.

C'est sa grand-mère qui lui a appris les premiers gestes du métier. « Chez elle, ces gestes étaient d'amour et de douceur ; je la vois encore revenir de son jardin, son tablier rempli de légumes et de fruits mûris au soleil. Je me souviens de l'odeur de la " mogette " (haricots blancs), du goût des choux vendéens, de la saveur de la langue de boeuf, le soir des repas de mariage. J'ai grandi dans des cuisines heureuses auprès de ma mère, de mes grands-mères et de mes tantes. Nous vivions dans la cuisine ; dans la petite auberge que tenaient mes parents, les clients préféraient le coin de table près du fourneau plutôt que le restaurant. Toute l'ambiance se trouvait dans la cuisine ! C'est là qu'est né l'amour de mon métier ! »

C'est ce même amour qui a conduit Jean Soulard à écrire aujourd'hui ce volume, pour partager ses recettes et pour répondre à l'attente de ses nombreux clients qui ont le souci de ménager leur santé... tout en souhaitant conserver le plaisir d'un bon plat !

« Tout est question d'équilibre, dit-il. La société va beaucoup trop vite et les besoins alimentaires ont changé. Il est important de manger davantage de fibres, de fruits et de légumes frais ; de réduire les gras, les crèmes, les sucres, et d'apprivoiser les jus de légumes dans les jus de viande, le fromage blanc maigre dans les sauces. Il est essentiel de prendre le temps de bien manger, de bien cuisiner, pour garder ou retrouver l'équilibre. Parce que c'est souvent autour de la table que se crée l'ambiance de la rencontre. L'humour et la bonne humeur ajoutent à la beauté de l'assiette ! Le meilleur pot-au-feu mangé dans un climat tendu n'a plus aucune saveur... Tout est question d'amour. »

Génie, humour, amour, Jean Soulard en a à revendre... Vous le découvrirez dans ses recettes.

Anne Sigier

Petits conseils pratiques

Les recettes de ce livre sont généralement faciles, relativement vite faites et surtout vite terminées au dernier moment, ce qui est important pour les maîtres ou les maîtresses de maison.

J'ai essayé d'employer pour ces recettes des produits courants. La plupart ne demandent aucune préparation culinaire compliquée. J'ai essayé d'être clair, précis et concis. Les phrases trop complexes et trop longues déroutent le cuisinier amateur, plus qu'elles ne l'aident. Elles donnent l'impression que la recette est bien plus compliquée qu'elle ne l'est en réalité.

Dans ce volume, chaque recette a son numéro. Il sera donc très facile de trouver rapidement le plat recherché ou le menu proposé.

Quelques règles :

Il est important d'avoir des couteaux qui coupent et qu'on n'utilise que pour la cuisine.

On assaisonne les viandes seulement après qu'elles aient pris leur coloration, afin de ne pas les durcir et de conserver aux assaisonnements tout leur potentiel aromatique.

Le poivre en grain fraîchement moulu a plus de goût.

Il est préférable de prendre des récipients de cuisson d'une taille proportionnelle aux aliments à cuire.

Laissez reposer vos rôtis, une fois cuits, une dizaine de minutes avant de les découper. Ils y gagneront en tendreté.

Assaisonnez modérément pour ne pas masquer la saveur des aliments.

Le four doit toujours être chauffé à l'avance et amené à la température nécessaire pour la recette.

On ne doit jamais piquer les viandes, car les sucs et les jus produits pendant la cuisson s'échapperaient, ce qui durcirait la viande.

N'oubliez pas : « On ne réussit bien que ce que l'on aime. »

Les produits

Tous les produits doivent être toujours de première qualité. On ne peut faire de bonne cuisine avec des produits de second choix.

En faisant votre marché, vérifiez la fraîcheur du poisson, la couleur de la salade, des légumes, la coupe de la pièce de viande.

Apprenez à respecter la nature des produits, c'est peut-être le plus important en cuisine.

La présentation

Dans la plupart des recettes, je suggère de verser la sauce dans le fond de l'assiette et d'y poser le mets principal. Celui-ci est mis en valeur, au lieu d'être masqué par la sauce.

Il est connu que l'on mange d'abord avec les yeux. Une assiette bien dressée est le premier plaisir du cuisinier ; elle prouve le raffinement de sa culture, elle crée le lien entre lui et le convive. C'est en recevant son assiette que l'invité se sent considéré et respecté.

Les herbes fraîches

La cueillette ou la culture des herbes se pratique depuis des millénaires.

Il y a quatre mille ans, les médecins égyptiens concoctaient des potions curatives à base d'herbes. Aujourd'hui, en plus de leurs vertus médicinales, les herbes servent à parfumer les plats, à en rehausser la saveur.

L'imagination et le goût sont les seuls critères dans l'utilisation des herbes ! Vous créez vous-mêmes vos propres bouquets de saveurs.

Pour les herbes comme pour tous les autres ingrédients, la fraîcheur est très importante. Nous avons la plupart des herbes à notre disposition durant l'été. Mais notre rude hiver réduit beaucoup le choix.

J'ai adopté depuis quelque temps un système qui me permet d'avoir des herbes fraîches durant toute l'année : la culture hydroponique. À l'origine, cette technique était réservée pour les fleurs et les plantes. Aujourd'hui, on l'utilise pour la culture des herbes.

Ce système est très simple et ne prend que très peu de place dans la maison. Les plantes poussent dans un matériau tel que le gravier, continuellement arrosé d'un mélange d'eau et de minéraux. La lumière naturelle ou des néons spéciaux complètent l'installation. La culture hydroponique offre plusieurs avantages : l'équilibre précis des nutriments essentiels à la croissance des végétaux, le contrôle des parasites, une culture assurée sans trop d'efforts. Le résultat est intéressant, il permet de cultiver les herbes préférées, qui embaument les plats d'hiver.

Les termes culinaires

Il n'était pas dans mon intention d'insérer dans ce livre des termes culinaires, car je voulais que les recettes se comprennent d'elles-mêmes. Mais je me suis aperçu que quelques termes n'étaient pas aussi compréhensibles que je le pensais. Voici donc quelques définitions :

Aiguillettes : longues tranches minces coupées dans la poitrine de volaille ou de gibier, ou dans certaines parties du bœuf.

Beurre manié : mélange de beurre ramolli et de farine – à parts égales – réalisé à cru, qui permet d'améliorer la liaison d'une sauce ou d'une préparation insuffisamment liée.

Blanchir : plonger dans l'eau bouillante légumes ou viandes et les y laisser un certain temps avant d'égoutter.

Brunoise : légumes coupés en tout petits dés.

Émincer : couper un aliment en tranches très minces, 1 à 2 mm (⅛ po) d'épaisseur.

Julienne : légumes découpés en fines lanières.

Mirepoix : légumes coupés en gros dés.

Peler et épépiner : pour les tomates, enlever le pédoncule (la queue). Les plonger dans l'eau bouillante une trentaine de secondes. Refroidir à l'eau froide et peler. Couper alors les tomates en deux et presser chaque moitié dans le creux de la main, de manière à en retirer les pépins.

Cuissons pour la cuisine-santé

À la poêle

Habituellement, la nourriture est sautée avec un minimum de matière grasse. Je suggère d'utiliser une poêle anti-adhésive qui permet même de se passer de gras.

Pour des aliments comme la viande, la poêle doit être portée à haute température. Pour d'autres comme les oignons ou les légumes, une plus basse température est recommandée. Dans les deux cas, remuer continuellement la poêle pour mélanger les aliments ou utiliser une cuiller.

De préférence, munissez-vous d'une poêle de très bonne qualité. Avec une poêle de qualité inférieure, les aliments risquent de coller. Utilisez aussi des cuillers de bois ou de plastique pour ne pas abîmer le fond de la poêle.

En grillade

La grillade est une autre méthode de cuisson-santé. Généralement, les nouveaux modèles de cuisinières sont munis de gril.

On doit utiliser une haute température au début de la cuisson et diminuer par la suite.

La grillade est très rapide et permet d'éliminer une partie de la graisse contenue dans les aliments. Il n'est pas nécessaire d'ajouter de la matière grasse, ou alors très peu.

Utilisez une température plus élevée pour les pièces plus petites et moins épaisses, et une température moins élevée pour les plus grosses.

On peut griller pratiquement tous les aliments : poisson, steaks, côtelettes, volailles et même les légumes, en brochette par exemple.

Il est préférable de préchauffer votre gril et d'utiliser des pinces ou des spatules pour retourner les aliments grillés.

À la vapeur

C'est une autre bonne méthode de cuisson pour la cuisine-santé. Grâce à un ustensile connu sous le nom de « marguerite », la cuisson à la vapeur est à la fois simple et rapide. Respectueuse des aliments, elle aide à conserver leurs sels minéraux, leurs vitamines et leur saveur naturelle.

La cuisson à la vapeur utilise, comme son nom l'indique, la vapeur d'eau bouillante, de fond ou de court-bouillon. La vapeur cuit l'aliment qui repose sur la marguerite. Il est important d'isoler de l'eau l'aliment à cuire.

On peut cuire à la vapeur, poissons, crustacés, légumes de toutes sortes ainsi que volailles, viandes, pommes de terre et riz.

À la salamandre (sous le gril ou « broil »)

Cette méthode est le plus souvent utilisée pour les gratins – soupes au gratin, certains plats de pâtes, sauces – et demande un minimum de matière grasse. On parsème généralement le plat de fromage ou de mie de pain avant de le passer sous la salamandre.

J'ai utilisé cette cuisson dans certaines recettes comme les escalopes de poisson, ou les abats de volaille, qui doivent cuire rapidement. Ceci me permet d'utiliser très peu de matière grasse ; le plat est, de ce fait, meilleur.

En papillote

La cuisson en papillote est une cuisson à l'étouffée. Pour la réaliser, on enferme hermétiquement l'aliment dans une feuille de papier sulfurisé ou d'aluminium, que l'on replie sur l'aliment en pinçant les bords pour qu'il n'y ait pas de perte de vapeur.

Originale, cette cuisson a la particularité de concentrer les parfums à l'intérieur et de ne pas exiger de matières grasses. Cette méthode est aussi une surprise pour l'invité qui a le plaisir de découvrir à la dernière minute le contenu de sa papillote.

Cuisson des légumes verts

Tous les légumes verts contiennent des acides organiques qui, au contact de la chaleur, modifient la couleur vert tendre de la chlorophylle, qui devient grisâtre.

Ces acides sont volatils et il faut les laisser s'échapper rapidement avant qu'ils n'altèrent les légumes.

Sachant cela, procédez comme suit : lavez rapidement les légumes pour éviter qu'ils ne perdent leurs sels minéraux. Faites bouillir de l'eau (trois parts d'eau pour une part de légumes) dans un grand récipient, de préférence en acier inoxydable. Puis salez à 10 g (2 c. à thé) par litre (4½ tasses).

Lorsque l'eau bout, jetez-y les légumes verts, qui doivent cuire à gros bouillons et à découvert.

Les légumes ne doivent pas être trop cuits ; vous devez sentir une légère résistance sous la dent quand vous les croquez.

La cuisson terminée, retirez-les rapidement de l'eau à l'aide d'une écumoire et plongez-les dans un récipient d'eau froide pour arrêter la cuisson. Égouttez.

Les huiles

La plupart des huiles utilisées en cuisine sont d'origine végétale. Elles peuvent être extraites de graines (tournesol, arachide, soja, sésame, etc.) ou de fruits (olive, noix). L'avantage nutritionnel incontesté de ces huiles est qu'elles contiennent des gras moins saturés que les matières grasses d'origine animale. On qualifie ce type de gras de « mono » ou « polyinsaturés ». Ces gras jouent un rôle important dans la prévention et le traitement des maladies cardio-vasculaires. S'ils sont consommés en quantité modérée, ils peuvent contribuer à diminuer le taux de cholestérol dans le sang. Les huiles d'olive et d'arachide ont de plus l'avantage d'être stables à la chaleur ; c'est pourquoi on les utilise dans la cuisson des aliments. Quant aux autres huiles (tournesol, maïs, soja), elles peuvent être utilisées dans la préparation des vinaigrettes, des sauces, des mayonnaises et des marinades pour les viandes, le gibier et le poisson.

On qualifie souvent de « pures » les huiles provenant d'une seule espèce, par opposition aux huiles dites « végétales », qui sont des mélanges pouvant contenir des huiles saturées. La plupart des huiles vendues dans le commerce sont raffinées, ce qui peut nuire à leur saveur et à leur odeur originales. On trouve aussi des huiles non raffinées obtenues par simple pression à froid ; qualifiées de « vierges » ou « naturelles », elles ont un goût moins altéré. C'est le cas, notamment, de l'huile d'olive.

Le vin

Vous allez me dire : « Que vient faire une rubrique sur le vin dans un livre de cuisine-santé ? » Je vous répondrai que le vin est tout à fait compatible avec la cuisine et avec la santé. Mon grand-père le savait bien ! Il disait qu'il soignait toutes les maladies avec « un petit coup de rouge ». Et il est vrai que je l'ai rarement vu malade.

Le vin est sain et, bu avec modération, il a bien meilleur goût. C'est la boisson de l'équilibre. C'est tout un art de bien choisir le vin et de savoir le boire.

Je ne vous parlerai pas des meilleurs millésimes, de Margaux ou de Mouton-Rothschild, ni des cépages du Romané-Conti ou du Pommard. Je dirais juste qu'un verre de vin et surtout de bon vin n'a jamais fait de mal.

Le bon vin, personne ne l'oublie. Il a une belle couleur, un bon nez et il est agréable à avaler. De bonne qualité, il est sain et digeste.

Le vin, c'est la bonne humeur, la joie de partager une bonne bouteille entre amis. C'est aussi la force que la terre nous transmet à travers le cep.

Il fait partie intégrante d'un bon repas, d'une soirée réussie ; en deux mots, c'est un des grands plaisirs de la table.

Menus santé proposés

Poissons et crustacés

Viandes et volailles

Fonds et sauces

Le fond est l'une des choses les plus importantes en cuisine. On s'en sert pour les soupes, les sauces et beaucoup d'autres préparations. Dans la cuisine santé, il prend encore plus d'importance.

Je vous entends déjà dire : « Nous avons de moins en moins de temps pour faire la cuisine. Alors les fonds... » Oui, évidemment. Mais les fonds, ce n'est pas aussi compliqué qu'on le pense. Ils peuvent se préparer à l'avance et se conserver dans de petits récipients au congélateur.

On trouve très peu de fonds tout faits dans le commerce. Les bouillons en cubes ou en poudre peuvent être une solution de rechange intéressante. Toutefois vous devez savoir que leur contenu en sel est généralement plus élevé. Mais tout le monde connaît ces samedis et ces dimanches pluvieux où l'on n'a pas envie de mettre le nez dehors. Profitez-en pour sortir votre chaudron. Concassez les os que vous aurez mis de côté et faites vos réserves, comme le faisaient nos grands-mères avec leurs confitures. Vous en serez fiers et vous étonnerez vos amis. Car rien ne vaut un « bon fond » !

1

Fond de veau

Pour 1 litre (4½ tasses) de fond

1 kg (2 lb 3 oz) d'os de veau concassés et de parures

75 g (3 oz) de carottes, oignons, branches de céleris, coupés en morceaux (mirepoix)

500 g (1 lb 2 oz) de tomates fraîches coupées en dés

15 g (1 c. à soupe) de concentré de tomate

1 gousse d'ail

1 petit bouquet garni

2 l (9 tasses) d'eau

Sel et poivre

Placer les os et les parures sans matière grasse sur une plaque allant au four et les faire brunir.

Ajouter les carottes, les oignons, les branches de céleri et les tomates. Rôtir 4 à 5 minutes de plus.

Retirer du four et transférer dans une casserole. Éviter de prendre la graisse qui a pu se déposer dans le fond de la plaque.

Ajouter le concentré de tomate, l'ail écrasé et le bouquet garni.

Recouvrir avec l'eau et assaisonner.

Cuire doucement à découvert pendant 2 heures. Écumer et dégraisser de temps en temps.

Passer ensuite le fond – environ 1 litre – dans une passoire fine ou à travers un linge fin.

● La meilleure façon de dégraisser les fonds est de les mettre dans un récipient, au réfrigérateur. Les graisses se solidifieront à la surface et il sera alors plus facile de les retirer.

2
Fond de gibier

Pour ½ litre (2 tasses) de fond

1 kg (2 lb 3 oz) d'os de gibier concassés et de parures

1 petite carotte

1 petit oignon

1 petit bouquet garni

250 ml (1 tasse) de vin rouge

4 à 5 baies de genièvre

1,5 l (7 tasses) d'eau

Sel et poivre

Placer les os de gibier et les parures sur une plaque allant au four et les faire rôtir à 300 °F (150 °C), jusqu'à ce qu'ils deviennent bruns.

Ajouter la carotte, l'oignon coupé en morceaux ainsi que les baies de genièvre et laisser au four de 4 à 5 minutes de plus.

Sortir du four et transférer dans une casserole, en prenant soin de ne pas mettre la graisse.

Ajouter le vin rouge et l'eau, puis le bouquet garni. Assaisonner et laisser bouillir doucement à découvert pendant environ une heure et demie.

Écumer et enlever l'excédent de graisse qui se forme à la surface.

Passer à la passoire ou au linge fin et laisser réduire à ½ l (2 tasses) de fond.

Vérifier l'assaisonnement et conserver au frais.

● Le fond de gibier est utilisé, entre autres, pour le canard, le pigeon et le faisan.

3
Jus d'agneau

Pour 1 litre (4½ tasses) de jus d'agneau
1 kg (2 lb 3 oz) d'os d'agneau
2 l (9 tasses) d'eau

1 petit oignon
1 petit bouquet garni
Sel et poivre

Mettre les os d'agneau concassés dans une casserole et les faire revenir légèrement.

Ajouter l'oignon et la carotte coupés en morceaux ainsi que le bouquet garni. Recouvrir avec l'eau et assaisonner.

Laisser cuire 1 heure doucement à découvert, en prenant soin d'écumer et de retirer le gras.

Passer le fond dans un linge ou une passoire et conserver au frais.

- On peut utiliser des parures d'agneau en même temps que les os.

4
Fond blanc de volaille

Pour 1 litre (4½ tasses) de fond
1 kg (2 lb 3 oz) de carcasses de volaille ou une volaille à bouillir
2 l (9 tasses) d'eau
1 petite carotte

1 oignon
1 branche de céleri
1 petit bouquet garni
Sel et poivre

Mettre les carcasses concassées dans une casserole. Ajouter les légumes coupés en morceaux, puis le bouquet garni. Recouvrir avec l'eau et assaisonner.

Laisser bouillir doucement à découvert pendant 2 heures, en écumant fréquemment pour retirer le gras qui remonte à la surface.

Passer le fond dans une passoire ou un linge fin et conserver au frais. Dégraisser à nouveau, si nécessaire.

- Le fond blanc de volaille est utilisé pour pocher les volailles ou pour la cuisson de divers plats tels que les fricassées de poulet.

5
Fumet de poisson

Pour 1,3 litre (6 tasses) de fumet de poisson
1 kg (2 lb 3 oz) d'arêtes et de parures
50 g (2 oz) d'oignon
50 g (2 oz) de blanc de poireau
2 l (9 tasses) d'eau
Huile d'olive ou d'arachide

30 g (1 oz) de champignons ou de parures de champignons
1 petit bouquet garni
Jus de 1 citron
Sel et poivre

Nettoyer comme il faut les arêtes et les parures de poisson. Faire revenir dans une casserole anti-adhésive l'oignon, le blanc de poireau et les champignons, préalablement coupés, pendant 4 à 5 minutes. Ajouter les arêtes et les parures, l'eau froide et le bouquet garni. Assaisonner.

Porter à ébullition et cuire à feu doux pendant 20 minutes. Écumer de temps en temps.

Passer le fumet à la passoire ou à travers un linge fin.

Vérifier l'assaisonnement et ajouter le jus de citron.

Conserver au froid en attendant l'utilisation.

- Pour obtenir un meilleur fumet de poisson, utiliser seulement les arêtes de poissons blancs comme la sole et l'aiglefin.

6
Coulis de tomates

Pour 4 personnes
300 g (10 oz) de tomates fraîches
15 g (1 c. à soupe) de concentré de tomate
2 échalotes hachées (2 oz)

50 ml (3 c. à soupe) d'huile d'olive
1 gousse d'ail
1 petit bouquet garni
200 ml (1 tasse) de fond de volaille
(voir recette 4)

Peler et épépiner les tomates.

Faire chauffer l'huile d'olive dans une casserole et faire colorer l'ail écrasé et les échalotes hachées.

Ajouter les tomates fraîches, le concentré de tomate, le petit bouquet garni et le fond de volaille.

Laisser cuire 20 minutes.

Retirer le bouquet garni une fois la cuisson terminée, et passer au mélangeur.

Vérifier l'assaisonnement.

- Le bouquet garni se compose en général de queues de persil, de thym et de quelques feuilles de laurier. Et si vous avez dans votre jardin ou dans votre jardin hydroponique de l'estragon, du basilic et de la ciboulette, vous pouvez, bien sûr, les ajouter.

- Il est préférable d'utiliser du fond de volaille. Si vous manquez de temps, vous pouvez le remplacer par du bouillon en cubes ou en poudre qu'on trouve dans le commerce. Mais ne vous attendez pas au même résultat. Ces cubes sont plus salés et moins rehaussés en fines herbes.

7
Coulis de persil

Pour 4 personnes
70 g (2½ oz) de persil
120 g (4 oz) de champignons
25 g (1 oz) d'échalotes hachées

250 ml (1 tasse) de bouillon de poulet
120 g (4 oz) de fromage blanc à 0,5%
100 ml (½ tasse) de crème à 15%

Laver et équeuter le persil.

Cuire doucement dans une casserole pendant 10 minutes le persil, l'échalote hachée, les champignons coupés et le bouillon de poulet. Saler et poivrer.

Laisser tiédir et passer au mélangeur jusqu'à ce que le tout ait l'aspect de coulis.

Ajouter le fromage blanc et la crème.

Garder au chaud sans faire bouillir.

Voir la recette 51 : Pétoncles aux algues.

8
Tomates concassées

Pour 4 personnes
1 kg (2 lb 3 oz) de tomates mûres
25 g (1 oz) d'échalotes hachées
1 gousse d'ail hachée

15 ml (1 c. à soupe) d'herbes fraîches hachées (origan, thym, etc.)
15 ml (1 c. à soupe) d'huile d'olive

Enlever le pédoncule des tomates. Plonger celles-ci dans l'eau bouillante 30 secondes. Refroidir à l'eau froide et peler.

Couper les tomates en deux et les presser dans le creux de la main, de manière à faire sortir les pépins.

Couper en petits dés.

Faire sauter l'échalote hachée et la gousse d'ail à l'huile d'olive dans une casserole anti-adhésive.

Ajouter les tomates et les herbes. Saler et poivrer.

Couvrir et cuire 15 minutes, jusqu'à ce que le jus soit évaporé.

Vérifier l'assaisonnement.

9

Sauce vinaigrette à l'échalote

Pour 4 personnes	50 g (2 oz) d'échalotes hachées
80 ml (5 c. à soupe) d'huile de tournesol	30 ml (2 c. à soupe) de vinaigre de vin
	Jus de 1 citron
30 ml (2 c. à soupe) d'huile d'olive non raffinée	Sel et poivre

Mélanger tous les ingrédients.

Voir la recette 18 : Filets de sardines crues sur paillasson de pommes de terre.

● Si votre jardin ou votre marchand d'herbes a de belles herbes fraîches, n'hésitez pas à en ajouter à vos vinaigrettes. Elles leur donneront encore plus de saveur.

10

Sauce vinaigrette au curry

Pour 4 personnes	1 gousse d'ail
100 ml (½ tasse) d'huile de tournesol	Jus de 1 citron
30 ml (2 c. à soupe) de vinaigre de vin	Sel et poivre
3 pincées de curry	

Hacher la gousse d'ail.
Mélanger tous les ingrédients.

Voir la recette 44 : Salade de mâche aux foies de volaille.

11
Sauce vinaigrette au pamplemousse

Pour 4 personnes

45 ml (3 c. à soupe) de jus de pamplemousse

15 ml (1 c. à soupe) de vinaigre de vin

30 ml (2 c. à soupe) d'huile de tournesol

15 ml (1 c. à soupe) d'huile d'olive

5 g (1 c. à thé) de moutarde de Dijon

5 g (1 c. à thé) d'herbes fraîches hachées

Mélanger tous les ingrédients.

Voir la recette 42 : Salade de homard au pamplemousse.

12
Sauce moutarde à l'aneth

Pour 4 personnes

15 g (1 c. à soupe) de moutarde douce

15 g (1 c. à soupe) de moutarde forte de Dijon

5 ml (1 c. à thé) de vinaigre blanc

5 g (1 c. à thé) de sucre

100 ml (½ tasse) d'huile de tournesol

5 g (1 c. à thé) d'aneth haché

Mélanger les moutardes, le sucre et le vinaigre.
Ajouter petit à petit l'huile, puis l'aneth haché.
Assaisonner au goût.

● Cette sauce doit être émulsionnée.

Voir les recettes :
16 Charlotte de pétoncles et esturgeon fumé
17 Saumon mariné à l'aneth

13
Sauce d'asperges Catherine

Pour 4 personnes	100 ml (½ tasse) de crème à 15%
400 g (15 oz) d'asperges fraîches ou	**Lait à 2% si nécessaire**
200 g (7 oz) d'asperges en conserve	**Sel et poivre**
50 g (2 oz) de fromage blanc à 0,5%	

Laver et éplucher, si nécessaire, les asperges fraîches. Couper les bouts durs.

Cuire à l'eau bouillante salée environ 5 à 10 minutes selon la grosseur.

Égoutter comme il faut et refroidir.

Passer dans le mélangeur de manière à obtenir une consistance lisse.

Ajouter le fromage blanc et la crème. Assaisonner. Si le mélange est trop épais, ajouter un peu de lait.

Chauffer sans faire bouillir, car la sauce tournerait.

Voir la recette 20 : Côtelettes de légumes, sauce d'asperges Catherine.

Les entrées

Entrées froides	Entrées chaudes

Entrées froides

14
Gâteau de légumes

15
Terrine de loup de mer au basilic
et au coulis de tomates

16
Charlotte de pétoncles et esturgeon fumé

17
Saumon mariné à l'aneth

18
Filets de sardines crues
sur paillasson de pommes de terre

19
Mousse de chou-fleur et ses rosaces

Entrées chaudes

20
Côtelettes de légumes,
sauce d'asperges Catherine

21
Fleurs de courgettes farcies

22
Huîtres aux herbes

23
Huîtres aux algues et au curry

24
Flan de persil aux escargots

25
Feuilleté d'escargots à la purée d'aubergines

26
Petits pots de foies blonds de volaille

27
Saumon fumé tiède à la purée de cresson

28
Deux truites à la ciboulette et à l'huile de noix

29
Sabayon de scampis, de moules
et d'artichauts nouveaux

14
Gâteau de légumes

Pour 4 personnes

300 g (10 oz) de courgettes

300 g (10 oz) d'aubergines

100 g (3 oz) de poivron vert (1 petit poivron)

100 g (3 oz) de poivron rouge (1 petit poivron)

300 g (10 oz) de tomates

1 branche de céleri

5 g (1 c. à thé) d'estragon

5 g (1 c. à thé) de ciboulette

50 g (2 oz) d'olives noires dénoyautées

4 grandes feuilles de laitue

Coulis de tomates (voir recette 6)

15 ml (1 c. à soupe) d'huile d'olive

1 gousse d'ail

Sel et poivre

Menu proposé

Gâteau de légumes

51 Pétoncles aux algues et coulis de persil

113 Pommes givrées

Couper en rondelles : 4 tranches d'aubergine, 12 tranches de courgette, 4 tranches de tomate.

Faire pocher les tranches d'aubergine et de courgette dans l'eau bouillante salée pendant 2 minutes. Réserver.

La purée de légumes :

Éplucher le reste des aubergines et des courgettes et les couper en morceaux ainsi que le reste des tomates, le poivron vert, le poivron rouge et la branche de céleri.

Faire revenir à la casserole, dans 15 ml d'huile d'olive, tous ces légumes coupés et ajouter les olives noires dénoyautées, l'estragon et la ciboulette et une gousse d'ail. Ajouter le sel et le poivre.

Cuire au four 20 à 30 minutes de manière à dessécher les légumes. Mélanger de temps en temps pour éviter que les légumes ne collent dans le fond de la casserole.

Retirer du four, laisser refroidir et passer au mélangeur de manière à faire une purée.

Pocher les feuilles de laitue 1 minute dans l'eau bouillante.

Disposer une feuille de laitue dans le fond de ramequins individuels, puis superposer dans l'ordre :
– la tranche d'aubergine
– la purée de légumes
– les 3 tranches de courgette
– la purée de légumes
– la tranche de tomate
– la purée de légumes.

Refermer ensuite la feuille de laitue. Garder au frais. Au moment de servir, démouler dans le fond de chaque assiette et ajouter le coulis de tomates.

Qu'il soit vert ou rouge, le poivron contient peu de calories et est une bonne source de vitamine C. Qu'il soit cru ou cuit, ses couleurs vives et son goût raffiné sauront raviver plusieurs de vos plats !

En cuisine,
aimez ce que vous faites,
et tout sera bon.

15
Terrine de loup de mer (bar) au basilic et au coulis de tomates

Pour une terrine de 20 portions

600 g (1 lb 5 oz) de loup de mer sans arêtes

450 g (1 lb) de saumon sans arêtes

5 blancs d'œufs

300 ml (1½ tasse) de crème à 15%

150 g (5 oz) d'épinards crus

2 citrons

50 ml (3 c. à soupe) de brandy

12 feuilles de basilic

10 g (2 c. à thé) de beurre

Sel et poivre

Coulis de tomates (voir recette 6)

Menu proposé

Terrine de loup de mer au basilic

79 **Noisettes d'agneau à la brunoise de légumes**

129 **Poires au vin rouge et au cassis**

Passer le loup de mer au mélangeur et ajouter 200 ml (1 tasse) de crème, 3 blancs d'œufs, le sel, le poivre, le jus d'un citron, la moitié du brandy et la moitié des feuilles de basilic hachées. Obtenir un mélange lisse.

Procéder de la même manière avec le saumon en utilisant le reste des ingrédients soit : 100 ml (½ tasse) de crème, 2 blancs d'œufs, le sel, le poivre, l'autre moitié du brandy et le basilic haché. Garder au frais.

Équeuter, laver et blanchir les épinards. Les rafraîchir et enlever l'excédent d'eau en pressant avec les deux mains. Les passer au mélangeur de manière à en faire une purée.

Séparer en deux la préparation au loup de mer et mélanger la moitié avec les épinards en purée.

Beurrer le moule et le remplir d'abord avec la farce d'épinards.

Disposer par-dessus le mélange au saumon, puis terminer avec celui au loup de mer.

Fermer la terrine en la recouvrant d'un papier d'aluminium.

Cuire au bain-marie 45 minutes à 350 °F (175 °C).

Sortir du four et laisser refroidir.

Servir avec le coulis de tomates dans le fond de l'assiette et la tranche de terrine dessus. Ajouter une feuille de basilic comme décoration.

● Le loup de mer (aussi appelé bar) peut être remplacé par du flétan ou de la lotte.

● Les tranches seront plus nettes si on trempe d'abord la lame du couteau dans l'eau chaude.

Le parfum pénétrant du basilic, sa saveur chaude et épicée relèvent les soupes, les tomates, et plusieurs plats à base de légumes.

16
Charlotte de pétoncles et esturgeon fumé

Pour 4 personnes

200 g (7 oz) de pétoncles frais

100 g (3 oz) d'esturgeon fumé en tranches

5 g (1 c. à thé) de moutarde de Dijon

Jus d'un citron vert

2,5 g (½ c. à thé) de poivre vert

15 ml (1 c. à soupe) d'huile d'olive

4 branches d'aneth

Sel et poivre blanc

Sauce moutarde à l'aneth
(voir recette 12)

Menu proposé

Charlotte de pétoncles et esturgeon fumé

70 **Poulet au gros sel**

112 **Granité de pamplemousse et larme de kirsch**

Retirer les nerfs des pétoncles et les couper en petits dés.

Mélanger les dés de pétoncles, la moutarde de Dijon, le jus du citron vert, l'huile d'olive, le poivre vert écrasé, le sel et le poivre blanc, deux heures avant de servir.

Placer une heure au réfrigérateur.

Placer un morceau de pellicule plastique dans le fond de moules ronds.

Disposer ensuite les tranches d'esturgeon en les laissant déborder.

Remplir les moules avec les pétoncles marinés.

Refermer la pellicule plastique et conserver au réfrigérateur.

Prendre 4 assiettes froides.

Étendre la sauce dans le fond de l'assiette.

Démouler la charlotte de pétoncles et la déposer délicatement au milieu de l'assiette.

Décorer avec l'aneth.

La marinade n'étant pas proprement dit un mode de cuisson, il est impératif que vos crustacés (ou poissons) soient très frais. Ils doivent être aussi manipulés avec beaucoup de précautions.

17
Saumon mariné à l'aneth

Pour 18 à 20 portions
**2 filets de saumon de 600 à 700 g
(1½ lb) avec la peau**
75 g (3 oz) de sel marin
75 g (3 oz) de sucre
**15 g (1 c. à soupe) de poivre blanc
concassé**
200 g (6 oz) d'aneth

50 ml (¼ tasse) d'huile de tournesol
Sauce moutarde (voir recette 12)

Menu proposé

Saumon mariné à l'aneth
73 **Blancs de pintade aux amandes**
111 **Fleur des champs rafraîchie**

Quarante-huit heures à l'avance :

Mélanger le sel, le sucre et le poivre blanc
concassé.

Couper l'aneth aux ciseaux, y compris les tiges.

Frotter la partie chair de chaque filet avec le
mélange de sel et de sucre.

Parsemer la moitié de l'aneth dans un plat
creux, de la longueur des filets.

Poser le premier filet de saumon côté peau
dans le fond. Ajouter le reste du mélange
de sel et de sucre ainsi que le reste de
l'aneth sur le dessus et poser le deuxième
filet de saumon côté chair sur le premier.
Arroser avec l'huile.

Placer dans un endroit frais pendant 48 heures,
en retournant les filets toutes les douze
heures.

Retirer les filets de la marinade, en prenant
soin d'enlever les ingrédients.

Sécher avec une serviette.

Découper le saumon en biais, en tranches très
minces.

Déposer les tranches sur l'assiette.

Décorer avec les branches d'aneth.

Servir avec la sauce moutarde et du pain à
grains entiers grillé.

**Les marinades à base d'huile de tournesol constituent une excellente source de gras
polyinsaturés, qui sont conseillés entre autres pour la prévention de certains problèmes
de santé reliés à un taux élevé de cholestérol dans le sang.**

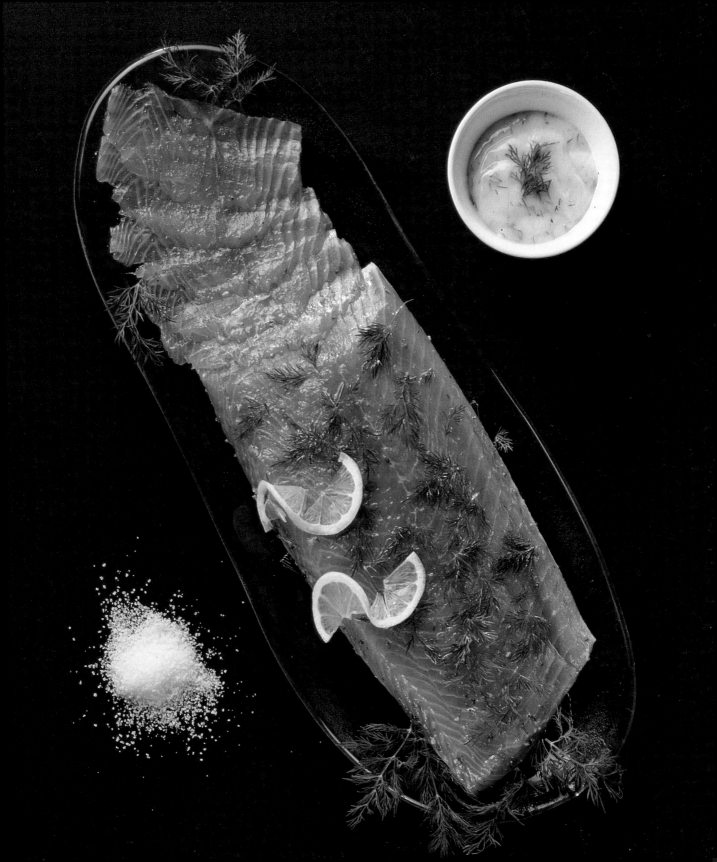

18
Filets de sardines crues
sur paillasson de pommes de terre

Pour 4 personnes

8 sardines fraîches

80 ml (⅓ tasse) de vinaigre de framboise

8 feuilles de trévise

4 petites pommes de terre

16 feuilles de mâche

4 échalotes vertes

Jus de 2 citrons

50 ml (3 c. à soupe) d'huile de tournesol

200 ml (1 tasse) de vinaigrette à l'échalote (voir recette 9)

Sel et poivre

Menu proposé

Filets de sardines crues sur paillasson de pommes de terre

81 **Noisettes d'agneau en papillotes à la purée de céleri-rave**

126 **Pruneaux à l'orange**

Faire lever les filets de sardines par votre poissonnier et retirer les arêtes.

Mettre les filets de sardines à mariner avec le jus de citron et le vinaigre de framboise, une heure avant de servir.

Peler les pommes de terre et les couper en julienne.

Laver et essuyer. Saler et poivrer.

Cuire la pomme de terre dans une petite poêle ronde, huilée et bien chaude, de manière à obtenir une galette dorée des deux côtés.

Garder au chaud.

Placer ce paillasson de pommes de terre sur l'assiette.

Entourer avec les feuilles de mâche et de trévise.

Disposer les filets de sardines sortis de la marinade sur les pommes de terre.

Parsemer d'échalote verte sur le dessus et, à l'aide d'un pinceau, étendre la vinaigrette à l'échalote.

- Il est important que le paillasson de pommes de terre soit tiède au moment de servir.

De tous les légumes, la pomme de terre est probablement celui qui a été le plus méprisé. Pourtant, contrairement à la croyance populaire, elle ne fait pas engraisser. En fait, une petite pomme de terre ne contient pas plus de calories qu'une pomme moyenne. Apprêtée de diverses façons, elle garnira votre assiette, tout en vous apportant vitamines et sels minéraux.

19
Mousse de chou-fleur et ses rosaces

Pour 4 personnes

400 g (15 oz) de chou-fleur nettoyé

Lait à 2% si nécessaire

1 pincée de muscade

4 tranches de saumon fumé

250 g (8 oz) de crème sûre à basse
   teneur en matière grasse

350 g (11 oz) de fromage cottage à 2%

Sel et poivre

Coulis de tomates (voir recette 6)

Menu proposé

Mousse de chou-fleur et ses
rosaces

85 Filets de veau au gingembre et
    au citron vert

120 Nage de melon et cerises au
    pineau des Charentes

Mousse de chou-fleur :

Défaire le chou-fleur en petits bouquets et
laver comme il faut.

Cuire le chou-fleur dans une casserole d'eau
bouillante salée.

Égoutter et refroidir.

Passer au mélangeur pour en obtenir une
purée fine.

Presser la purée de chou-fleur dans un linge,
pour en extraire l'excédent d'eau.

Mélanger dans un bol cette purée au fromage
cottage. Assaisonner. Ajouter une pincée
de muscade et garder au frais.

Rosace de saumon :

Étendre délicatement la crème sûre sur les 4
tranches de saumon fumé. (Si elle est trop
consistante, l'allonger avec du lait.)

Rouler les tranches sur elles-mêmes. Garder
au frais.

Étendre le coulis de tomates dans le fond de
chaque assiette.

Former 4 quenelles de mousse de chou-fleur
à l'aide de deux petites cuillers, et les
disposer en étoile sur chaque assiette.

Couper la roulade de saumon fumé en 4
rondelles et les disposer entre chaque
quenelle de mousse de chou-fleur.

Décorer avec une petite feuille d'herbe fraîche.

Le chou-fleur est un légume qui contient peu de calories, et une grande quantité de vitamine C.
Pour en faire un bouquet de fraîcheur, voici quelques règles :
Trempez d'abord le chou-fleur dans de l'eau froide additionnée de sel et de vinaigre,
Ajoutez un peu de jus de citron à l'eau de cuisson : il conservera ainsi sa blancheur,
Évitez de trop le faire cuire : il perdrait de son contenu en vitamine C.

20
Côtelettes de légumes, sauce d'asperges Catherine

Pour 4 personnes	Menu proposé	
150 g (6 oz) de pommes de terre		Côtelettes de légumes, sauce d'asperges Catherine
240 g (8 oz) de carottes		
90 g (3 oz) de céleri	76	Pigeon et son jus à la purée de petits pois
240 g (8 oz) de brocoli		
180 g (6 oz) de chou-fleur	103	Sorbet aux framboises
150 g (5 oz) de navet		
2 œufs		
250 g (8 oz) de chapelure		

Laver, éplucher et couper tous les légumes. Les cuire dans l'eau bouillante salée.

Rafraîchir après cuisson et passer au mélangeur, sans toutefois en faire une purée trop lisse. Bien égoutter dans un linge pour enlever l'excédent d'eau. Saler et poivrer.

Laisser reposer et refroidir au réfrigérateur.

Reprendre la purée dans un bol et ajouter 200 g (7 oz) de chapelure.

Façonner 8 portions en forme de côtelettes de 3 cm (1 po) d'épaisseur.

Passer ces côtelettes dans les œufs battus, puis ensuite dans le reste de la chapelure.

Déposer sur une plaque et passer au four 10 minutes à 350 °F (175 °C).

Servir avec la sauce d'asperges Catherine (voir recette 13).

L'asperge, très prisée pour son exquise saveur, est incontestablement l'aristocrate des légumes. Selon la variété et le mode de culture, sa couleur peut varier du vert au blanc, avec des nuances violacées. Elle contient peu de calories et est riche en vitamines A et C et en fer. Sa couleur ne modifie en rien sa valeur nutritive.

21
Fleurs de courgettes farcies

Pour 4 personnes

4 courgettes d'environ 200 g (7 oz) chacune, avec leur fleur

180 g (6 oz) de flétan ou d'un autre poisson blanc

120 g (4 oz) de fromage blanc à 0,5%

250 ml (1 tasse) de fumet de poisson (voir recette 5)

1 blanc d'œuf

Coulis de tomates (voir recette 6)

Menu proposé

Fleurs de courgettes farcies

50 **Brochettes de pétoncles au gingembre**

120 **Nage de melon et cerises au pineau des Charentes**

Passer au mélangeur le filet de flétan (sans arêtes et sans peau). Ajouter le blanc d'œuf. Saler et poivrer et transformer en une purée lisse.

Transférer le mélange dans un bol et ajouter petit à petit le fromage blanc. Vérifier l'assaisonnement.

Laver et sécher les courgettes délicatement. Les couper en fines tranches régulières dans le sens de la longueur, de manière à faire un éventail.

Farcir la fleur de courgette avec la farce de poisson, en se servant d'une poche à douille.

Déposer les courgettes farcies dans un plat de cuisson. Recouvrir avec le fumet de poisson et cuire de 5 à 7 minutes dans un four à 350 °F (175 °C).

Étendre le coulis de tomates chaud dans le fond de chaque assiette et déposer la courgette à fleur farcie.

Servir chaud.

Lorsqu'on utilise seulement le blanc de l'œuf dans une recette, cela diminue la teneur en cholestérol. Le blanc sert ici d'agent liant.

Pour dire votre estime,
un bon plat vaut mille mots.

22
Huîtres aux herbes

Pour 4 personnes

32 huîtres (Malpèque)
50 g (2 oz) d'échalotes hachées
25 g (1 oz) d'herbes fraîches (basilic,
   cerfeuil, ciboulette)
100 ml (½ tasse) de fumet de poisson
   (voir recette 5)
100 ml (½ tasse) de crème à 15%

Menu proposé

Huîtres aux herbes
75 **Faisan aux figues fraîches**
124 **Petits pots au thé vert**

Ouvrir les huîtres. Récupérer le jus dans une casserole. Les détacher de leurs coquilles et les déposer sur une plaque allant au four.

Ajouter au jus des huîtres le fumet de poisson et les échalotes.

Faire réduire légèrement.

Ajouter la crème à 15% et réduire jusqu'à 150 ml (¾ tasse) environ.

Ajouter au dernier moment les herbes fraîches hachées.

Passer les huîtres sous la salamandre (au « broil ») pendant 1 minute.

Disposer les huîtres dans le fond de chaque assiette creuse et napper de la sauce.

- L'échalote que j'utilise est celle que l'on appelle au Québec « échalote française » ou « échalote sèche ».

- Les huîtres doivent rester moelleuses à la cuisson.

Les huîtres constituent une véritable mine d'or du point de vue nutritionnel.
Pauvres en lipides, elles sont très riches en vitamines, en minéraux et en oligo-éléments.
Les huîtres : « les championnes des aliments-santé » !

23

Huîtres aux algues et au curry *

Pour 4 personnes
24 huîtres (Malpèque)
4 galettes de riz
25 g (1 oz) d'algues sèches (de préférence Hijiki)
200 ml (1 tasse) de crème à 15%
1 pincée de curry

Quelques grains de poivre rose (1 c. à thé)

Menu proposé

Huîtres aux algues et au curry
72 **Sauté de poulet aux pommes et au gingembre**
125 **Soupe de figues aux agrumes**

Tremper les algues pendant 30 minutes à l'eau tiède.

Ouvrir et vider les huîtres en récupérant le jus.

Humecter une à une les feuilles de riz. Les diviser en six.

Déposer les huîtres sur chaque morceau de feuille de riz et former des petits paquets.

Conserver au frais.

La sauce :

Passer le jus des huîtres dans une passoire et porter à ébullition.

Incorporer la crème et laisser réduire de moitié.

Ajouter une pincée de curry. Vérifier l'assaisonnement et ajouter le poivre rose.

Déposer les algues dans le fond d'un couscoussier ou sur votre marguerite, puis mettre les petits paquets d'huîtres sur le dessus.

Cuire quelques minutes. Les huîtres doivent rester moelleuses.

Disposer les paquets d'huîtres dans le fond de chaque assiette.

Arroser de sauce et déposer les algues au milieu.

- Si les huîtres sont trop cuites, ce plat perdra toute sa magie et beaucoup de sa saveur.

- Les algues Hijiki se trouvent dans les épiceries fines ou dans les boutiques asiatiques spécialisées.

* D'après Michel Gautier, « le Rouzic » Bordeaux.

Les épices remplacent avantageusement le sel et vous feront découvrir une myriade de nouvelles saveurs.

24
Flan de persil aux escargots

Pour 4 personnes

16 escargots moyens (4 escargots par personne)

150 g (5 oz) de persil

50 g (2 oz) d'oignon haché

200 ml (1 tasse) de lait écrémé

1 œuf entier

2 blancs d'œufs

1 pincée de muscade

Sel et poivre

Tomates concassées (voir recette 8)

Menu proposé

Flan de persil aux escargots

68 **Filets de dorade à la crème d'épinards**

116 **Terrine de poires et de fraises**

Laver et équeuter le persil. Le cuire dans l'eau bouillante pendant 2 minutes. Rafraîchir et presser pour enlever l'excédent d'eau.

Passer le persil et le lait écrémé au mélangeur. Réserver.

Faire suer les oignons avec les escargots coupés en morceaux dans une casserole anti-adhésive.

Incorporer les escargots au mélange persil-lait. Ajouter les œufs. Saler, poivrer et ajouter la muscade.

Verser dans 4 petits ramequins individuels huilés et cuire au four à 350 °F (175 °C) pendant 15 minutes au bain-marie.

Chauffer la tomate concassée. L'étendre dans le fond de chaque assiette.

Démouler le flan et le poser au milieu.

Servir chaud.

Considéré comme une herbe aromatique, le persil est souvent utilisé à de simples fins de décoration. Frais, il se distingue toutefois des autres herbes à cause de son contenu en vitamines A et C.

25

Feuilleté d'escargots à la purée d'aubergines

Pour 4 personnes

2 aubergines de 200 g (7 oz) chacune
24 escargots (6 escargots par personne)
2 feuilles de pâte « Filo »
Jus de 1 citron
50 ml (¼ tasse) d'huile d'arachide
Sel et poivre

Menu proposé

Feuilleté d'escargots à la purée d'aubergines
84 **Côtes de porc aux pruneaux**
117 **Compote de pêches à la menthe fraîche**

Laver et couper les aubergines en deux et cuire au four 20 minutes à 350 °F (175 °C). Les retourner de temps en temps.

Sortir du four et laisser refroidir. À l'aide d'une cuiller, retirer la chair de l'aubergine et la presser dans une passoire pour retirer l'excédent d'eau. Puis, dans un mélangeur, transformer en purée en ajoutant le jus de citron. Saler et poivrer.

Égoutter et laver les escargots.

Couper les feuilles de pâte « Filo » en deux et huiler rapidement toute la surface. Plier chaque demi-feuille en deux.

Déposer 1 cuillerée de purée d'aubergine au milieu de la feuille de pâte.

Ajouter sur le dessus 6 escargots, puis plier le tout en forme de cigare.

Déposer les 4 feuilletés dans un plat et cuire au four à 350 °F (175 °C) pendant 10 minutes. Servir chaud.

● On peut se procurer la pâte « Filo » dans toutes les bonnes épiceries fines.

Le « Filo » est une pâte très fragile à manipuler. Évitez de la laisser à l'air libre quand vous avez à la manipuler. Elle sécherait rapidement et ne serait plus utilisable. Dès que vous la sortez de son emballage, étendez rapidement la matière grasse dessus, puis terminez votre préparation.

En cuisine,
la nature est votre meilleure amie.

26
Petits pots de foies blonds de volaille

Pour 4 personnes
**150 g (5 oz) de foies de volaille
(blonds)**
1 œuf entier
2 blancs d'œufs
100 ml (½ tasse) de lait écrémé
5 g (1 c. à thé) de persil haché
½ gousse d'ail
15 ml (1 c. à soupe) d'huile d'arachide
**150 ml (¾ tasse) de coulis de
tomates** (voir recette 6)

80 g (3 oz) de haricots verts fins
Sel, poivre et muscade

Menu proposé

**Petits pots de foies blonds de
volaille**
83 **Râbles de lapereau au jus de
céleri sur lit de chou**
128 **Tartes aux pommes à ma mode**

Nettoyer les foies de volaille en enlevant
toutes les parties nerveuses et verdâtres.
Passer au mélangeur avec les œufs, le sel, le
poivre, la muscade, l'ail et le persil haché.
Laisser reposer le mélange au réfrigérateur
30 minutes.
Badigeonner au pinceau les bords et le fond
de 4 ramequins avec un peu d'huile et
remplir avec le mélange préparé.
Recouvrir d'un papier d'aluminium et cuire au
four dans un bain-marie 15 minutes à 350 °F
(175 °C).
Cuire les haricots verts « al dente » dans l'eau
bouillante salée.

Chauffer le coulis de tomates.
Démouler les petits pots, une fois la cuisson
terminée.
Étendre le coulis de tomates dans le fond de
chaque assiette.
Placer les petits pots de foies au milieu et
disposer sur le dessus les haricots verts en
quadrillé.

- L'huile dont seront badigeonnés les petits
pots s'éliminera d'elle-même à la cuisson.

- Utiliser, si c'est possible, des ramequins en
aluminium plutôt qu'en faïence. La cuisson
est plus rapide.

**Les abats sont plus périssables que la viande. Pour cette raison, assurez-vous de leur fraîcheur
à l'achat et consommez-les de préférence dans les 24 heures.**

27
Saumon fumé tiède à la purée de cresson

Pour 4 personnes
8 tranches de saumon fumé
1½ botte de cresson
4 pommes
50 ml (¼ tasse) de lait écrémé
Sel et poivre

Menu proposé

Saumon fumé tiède à la purée de cresson
87 **Rognons de veau à la façon de Grand-mère**
127 **Pommes en cage**

Laver le cresson et le faire blanchir. Puis rafraîchir, bien égoutter et essorer dans un linge. Passer au mélangeur en ajoutant le lait. Vérifier l'assaisonnement.

Éplucher, épépiner et couper les pommes en tranches.

Faire sauter les pommes dans une poêle anti-adhésive. Garder au chaud.

Étendre les pommes chaudes au milieu d'une assiette chaude.

Faire un cordon autour des pommes avec la purée de cresson chaude.

Étendre les tranches de saumon fumé et servir aussitôt.

Comme la plupart des légumes en feuilles, le cresson est riche en vitamines A et C, et aussi en fer et en sels minéraux. On pense souvent au cresson pour la salade, mais il est tout aussi délicieux cuit et en purée.

28
Deux truites à la ciboulette et à l'huile de noix

Pour 4 personnes

**1 truite fraîche de 250 g (8 oz),
saumonée de préférence**

**90 g (3 oz) de truite fumée en
tranches**

Sauce à la ciboulette :
   15 ml (1 c. à soupe) d'huile de noix
   **50 ml (3 c. à soupe) d'huile de
   tournesol**

Ciboulette hachée
Jus de 1 citron
Sel et poivre

Menu proposé

**Deux truites à la ciboulette et à
l'huile de noix**

90 **Mignons de chevreuil aux atocas**

123 **Papaye rafraîchie au fenouil**

Ôter les arêtes et la peau de la truite. La découper en escalopes très fines.

Disposer les tranches de truite fumée dans le fond de chaque assiette.

Recouvrir avec les tranches de truite fraîche.

Garder au frais.

Sauce à la ciboulette :

Mélanger les 2 huiles. Saler, poivrer. Ajouter le jus de citron et la ciboulette hachée.

Faire tiédir à la dernière minute la sauce à la ciboulette.

Passer les assiettes dans un four très chaud à 400 °F (200 °C) pendant une trentaine de secondes, sous votre salamandre (ou « broil »).

Napper de sauce à la ciboulette à l'aide d'une cuiller.

Servir aussitôt de façon à garder le tout tiède.

- Les tranches de truite fraîche doivent être cuites à point, mais demeurer moelleuses.

**Les huiles de noix et de tournesol sont deux types d'huile qui, en quantité modérée,
peuvent contribuer à contrôler le taux de cholestérol dans le sang.**

29
Sabayon de scampis, de moules et d'artichauts nouveaux

Pour 4 personnes
8 scampis (langoustines)
16 moules
4 artichauts frais
Jus de 1 citron
2 jaunes d'œufs
250 ml (1 tasse) de muscadet
Sel et poivre
1 citron

Faire ouvrir les moules dans une casserole avec la moitié du vin blanc.

Tourner les artichauts à l'aide d'un couteau, de manière à retirer toutes les feuilles et à garder le fond intact. Citronner aussitôt et faire cuire dans une casserole d'eau bouillante salée avec ½ citron.

Décortiquer les moules et passer le jus dans une passoire.

Enlever le foin des artichauts et les couper en quatre.

Décortiquer les scampis crus et les couper en deux.

Disposer harmonieusement les scampis, les fonds d'artichauts et les moules dans un plat de terre individuel.

Verser le reste du vin blanc dans chaque plat.

Le sabayon :

Mettre les 2 jaunes d'œufs dans un bol à mélanger. Incorporer le jus de moule.

Mélanger énergiquement sur le coin du feu avec un fouet. Éviter de trop chauffer, ce qui entraînerait la cuisson des œufs. La température ne doit pas dépasser 140 °F (60 °C). Lorsque ce mélange atteint une consistance moelleuse, ajouter le jus de ½ citron et vérifier l'assaisonnement.

Cuire les scampis en mettant les plats 4 minutes dans un four à 350 °F (175 °C).

Retirer l'excédent de vin blanc qui a servi à la cuisson.

Napper avec le sabayon et servir bien chaud.

● Il est important de citronner rapidement les artichauts. Sinon ils noircissent. Ne pas trop cuire les scampis. Ils doivent rester moelleux.

L'artichaut est l'un des plus vieux aliments connus de l'homme. Pourtant ses diverses utilisations en cuisine ne sont pas très connues. Contenant peu de calories, riche en fer, en calcium et en d'autres minéraux, il peut être utilisé dans les soupes, les salades ou en trempette. Laissez-vous séduire par ce chardon au cœur tendre !

Les soupes et les potages

« À la soupe ! » Ce cri familier d'autrefois témoigne de l'importance accordée jadis à ce mets qui tenait alors lieu de repas. Aujourd'hui, la plupart du temps, il s'efface devant le plat de résistance. Pourtant, de tout le répertoire culinaire moderne, la soupe est le plat qui offre le plus de variantes. Elle permet à chacun d'expérimenter à son gré, en utilisant tous les ingrédients possibles. Grâce à la variété de légumes et de fruits, les soupes peuvent se parer de couleurs attrayantes, offrir des saveurs variées et inusitées, tout en fournissant les éléments nutritifs qu'apportent les légumes et les fruits qui les composent. Additionnées de lait ou gratinées, elles peuvent devenir le mets principal d'un repas. Servies chaudes, elles vous réconforteront ; froides, elles vous désaltéreront lors des chaleurs de l'été.

30
Soupe de moules au pistil de safran

Pour 4 personnes

50 g (2 oz) de juliennes de poireaux

50 g (2 oz) de brunoise de carottes

50 g (2 oz) de brunoise de céleri

5 g (1 c. à thé) d'ail haché

¾ l (3½ tasses) de fumet de poisson
(voir recette 5)

16 moules (4 moules par personne)

1 pincée de safran

50 g (2 oz) d'oignon haché

15 ml (1 c. à soupe) de concentré de tomate

4 tomates fraîches

Sel et poivre

Menu proposé

Soupe de moules au pistil de safran

74 Suprême de faisan aux poireaux et aux champignons sauvages

119 Œufs à la neige aux fraises

Faire suer dans une casserole la julienne de poireaux, la brunoise de carottes, la brunoise de céleri, l'oignon haché et l'ail haché.

Ajouter le concentré de tomate et les tomates fraîches pelées, épépinées et coupées en dés.

Laisser revenir le tout et ajouter le fumet de poisson. Ajouter le safran. Laisser mijoter 30 minutes.

Faire ouvrir les moules à part dans une casserole. Les décortiquer, récupérer le jus et l'ajouter à la soupe.

Mettre les moules décortiquées dans le fond de la tasse et ajouter la soupe bien chaude.

● Servir avec les croûtons à l'ail.

Tout comme les huîtres, les moules ont l'avantage de contenir peu de calories. Elles sont également riches en fer et en magnésium.

31

Fumet d'escargots à la pointe de curry

Pour 4 personnes

10 escargots

50 g (2 oz) de carottes

50 g (2 oz) d'oignons

25 g (1 oz) de céleri

25 g (1 oz) de poireaux

20 g (¾ oz) de beurre

750 ml (3 tasses) de fond de volaille
(voir recette 4, ou en cubes)

50 ml (3 c. à soupe) de vin blanc

100 ml (½ tasse) de lait à 2%

2 ml (½ c. à thé) de persil haché

2 ml (½ c. à thé) de curry en poudre

15 ml (1 c. à soupe) d'huile d'arachide

Menu proposé

Fumet d'escargots à la pointe de curry

57 **Millefeuilles de saumon aux épinards**

103 **Sorbet aux framboises**

Éplucher et laver les carottes, les oignons, le céleri, le poireau. Couper en petits dés (brunoise).

Couper les escargots en petits morceaux.

Faire revenir les légumes dans une casserole avec un peu d'huile.

Ajouter les escargots.

Déglacer avec le vin blanc et ajouter le fond de volaille et le lait.

Cuire 10 minutes. Ajouter le curry. Saler et poivrer.

Parsemer de persil haché et servir chaud.

La poudre de curry sert surtout à parfumer les ingrédients auxquels on l'ajoute.

32
Soupe aux cuisses de grenouilles

Pour 4 personnes

500 g de cuisses de grenouilles
   (de préférence petites)
400 ml (2 tasses) de vin blanc
400 ml (2 tasses) de fumet de poisson
   (voir recette 5)
1 botte de cresson de 180 g (6 oz)
50 g (2 oz) d'échalotes hachées
50 ml (¼ tasse) d'huile d'arachide
50 g (2 oz) de fromage blanc à 0,5%

100 ml (½ tasse) de crème à 15%
Sel, poivre et herbes (basilic,
   estragon)

Menu proposé

Soupe aux cuisses de grenouilles
61 **Flétan en écailles vertes et**
   tomates concassées
118 **Millefeuilles légers aux bleuets**

Faire revenir dans une casserole l'échalote hachée dans un peu d'huile. Verser le vin blanc, le fumet de poisson. Ajouter le sel, le poivre, les herbes fraîches hachées et les cuisses de grenouilles que l'on laissera cuire 10 minutes.

Laver et équeuter le cresson.

Retirer les cuisses de grenouilles, les réserver et ajouter le cresson dans le liquide.

Laisser cuire de nouveau 10 minutes.

Passer le tout au mélangeur.

Désosser à la main les cuisses de grenouilles pour en enlever la chair.

Fouetter ensemble la crème et le fromage blanc. Incorporer le mélange à la soupe et ne plus faire bouillir. Vérifier l'assaisonnement. Répartir dans les bols à soupe les cuisses de grenouilles décortiquées et verser la soupe chaude.

● On pourra parsemer quelques feuilles de cresson entières sur la soupe en guise de garniture.

Le fromage blanc à faible teneur en matières grasses permet de réduire la quantité totale de gras dans la recette.

33
Soupe au melon (soupe froide)

Pour 4 personnes

1 melon cantaloup de 700 g (1 lb 8 oz)

250 ml (1 tasse) de yogourt nature
à 0,5%

250 ml (1 tasse) de crème sûre à
teneur réduite en matière grasse

Sucre si nécessaire

Menu proposé

Soupe au melon

55 Petits filets de sole à la matignon
d'endives

124 Petits pots au thé vert

Éplucher le melon et enlever les pépins. Le
couper en morceaux.

Passer au mélangeur le melon avec le yogourt
et la crème sûre.

Sucrer légèrement, si votre melon n'est pas
assez mûr.

● Cette soupe peut être servie dans les demi-
melons, qui serviront de bols.

Le cantaloup contient peu de calories et fournit de bonnes quantités de calcium, phosphore, fer
et potassium. De plus, il est une source excellente de vitamines A et C. Avant de le consommer,
laissez-le 2 à 3 jours à la température de la pièce. Sa chair n'en sera que plus tendre et juteuse.

34

Soupe de concombres au yogourt rafraîchi
(soupe froide)

Pour 4 personnes

600 g (1 lb 5 oz) de concombres
   entiers

200 ml (1 tasse) de yogourt nature à 0,5%

200 ml (1 tasse) de lait écrémé

½ gousse d'ail

Jus de 1 citron

25 g (1 oz) de ciboules (échalotes au
   Québec)

1 c. à thé de menthe fraîche

1 c à soupe de ciboulette hachée

Menu proposé

Soupe de concombres au yogourt
rafraîchi

88 Filet de cheval au thé et à l'anis

103 Sorbet aux framboises

Éplucher et couper les concombres en deux, de manière à en retirer les pépins. Les couper en morceaux.

Broyer dans le mélangeur les concombres, les ciboules, le jus de citron, la gousse d'ail, la menthe et le lait écrémé.

Ajouter ensuite le yogourt. Vérifier l'assaisonnement.

Garder au frais.

Ajouter la ciboulette hachée fraîche au moment de servir.

● Une soupe idéale pour l'été.

Il existe sur le marché des yogourts offrant différentes teneurs en matières grasses.
En choisissant le plus maigre, vous consommez à la fois moins de gras et moins de calories.

35

Soupe de radis aux deux herbes (soupe froide)

Pour 4 personnes

300 g (10 oz) de radis
200 ml (1 tasse) de lait écrémé
350 ml (1½ tasse) de yogourt nature
    à 0,5%
Jus de 1 citron
5 g (1 c. à thé) de menthe fraîche
5 g (1 c. à thé) de basilic frais haché
Sel et poivre

Menu proposé

Soupe de radis aux deux herbes
58 Escalopes de saumon à la mousse
    de cresson
122 Ma crème santé

Équeuter et couper les radis en morceaux et les broyer au mélangeur, avec le lait et le jus de citron.

Ajouter au mélange, une fois qu'il est bien liquide, le yogourt, le basilic et la menthe fraîche hachée. Saler et poivrer.

Garder au frais.

● Une soupe idéale pour vos menus d'été.

L'utilisation des fines herbes en cuisine exige du doigté. Les herbes doivent être utiliséesa
vec parcimonie : leurs essences sont parfois fortes et peuvent masquer la saveur recherchée
du plat cuisiné.

36
Crème de citrouille dans son écrin

Pour 4 personnes

1 citrouille de 1 kg (2 lb 3 oz)
**4 petites citrouilles individuelles qui
   serviront de bols**
200 g (7 oz) de pommes de terre
1 poireau
15 ml (1 c. à soupe) d'huile d'arachide
½ l (2 tasses) de lait à 2%

Ciboulette
Sel et poivre

Menu proposé

   Crème de citrouille dans son écrin
54 Scampis au jus de carottes
128 Tartes aux pommes à ma mode

Éplucher, épépiner et couper la citrouille en morceaux.

Éplucher, fendre et tailler le poireau en morceaux.

Éplucher, laver et couper en morceaux les pommes de terre.

Couper le sommet des petites citrouilles qui serviront de bols. Il fera une sorte de couvercle. Enlever les pépins à l'aide d'une cuiller. Réserver.

Faire revenir le poireau dans une casserole. Ajouter la citrouille et les pommes de terre. Couvrir et laisser étuver 5 minutes.

Mouiller avec le lait. Saler et poivrer. Couvrir de nouveau et laisser mijoter 30 minutes.

Passer le potage au mélangeur. S'il est trop épais, allonger avec un peu de lait.

Remplir l'intérieur des petites citrouilles d'eau bouillante, de manière à les réchauffer pendant quelques secondes.

Vider cette eau et remplir avec la soupe à la citrouille bien chaude.

Parsemer la ciboulette sur le dessus.

La citrouille est bien plus qu'une simple décoration d'Halloween.
Sa chair sucrée et savoureuse peut être servie en potage, en purée, en tarte...
Excellente source de vitamine A, elle contient de plus peu de calories.

37
Crème d'oseille

Pour 4 personnes
300 g (10 oz) de pommes de terre
200 g (7 oz) de poireaux
50 ml (3 c. à soupe) d'huile d'arachide
¾ l (3 tasses) de lait à 2%
150 g (6 oz) d'oseille
Sel et poivre

Menu proposé
Crème d'oseille
59 **Filet de saumon à la provençale**
125 **Soupe de figues aux agrumes**

Éplucher et couper les pommes de terre en morceaux.

Laver et couper les poireaux en morceaux.

Laver et équeuter l'oseille.

Faire revenir les poireaux dans une casserole, avec un peu d'huile.

Ajouter les pommes de terre et l'oseille.

Mouiller avec le lait. Cuire 30 minutes. Saler et poivrer.

Passer au mélangeur. Vérifier l'assaisonnement.

Parsemer de l'oseille coupée en julienne au moment de servir.

L'oseille est un légume en feuilles au goût aigrelet, qui se prépare comme les épinards. Il constitue une bonne source de vitamine C.

38
La santé de légumes

Pour 4 personnes
50 g (2 oz) de carottes
50 g (2 oz) de poireaux
25 g (1 oz) de haricots verts fins
50 g (2 oz) de brocoli
50 g (2 oz) de champignons
1 tomate fraîche (75 g – 2 oz)
1 l (4½ tasses) de fond de volaille
(voir recette 4, ou en cubes)

15 g (1 c. à soupe) de persil, estragon
et basilic hachés.

Menu proposé

La santé de légumes
64 **Truites en papillotes aux têtes de violon**
121 **Mousse de mangue en fleur**

Laver, éplucher et couper en julienne les carottes et les poireaux (3 mm x 5 cm)

Équeuter les haricots verts fins et les couper en deux s'ils sont trop longs.

Sortir les petits bouquets de brocoli à l'aide d'un couteau.

Couper les champignons en julienne.

Peler, épépiner et couper la tomate en petits dés.

Faire bouillir le fond de volaille. Ajouter tous les légumes et cuire de 10 à 15 minutes.

Servir chaud ou froid avec les herbes fraîches sur le dessus.

Des légumes, des légumes... mangez des légumes !

Lorsque l'on ajoute les légumes au fond, il est important d'éviter un temps de cuisson trop prolongé. Les légumes conservent alors tout leur goût, leur texture et leur valeur nutritive.

Les salades

Quand on parle de salade, il faut distinguer la salade verte et les salades composées. L'appellation « salade verte » s'applique aux légumes verts à feuilles dont il existe de nombreuses variétés. La plus connue est la laitue iceberg, mais il y a aussi la boston, la romaine, la scarole, la chicorée frisée, le cresson... Dans vos recettes, vous pouvez utiliser celle qui a votre préférence ou que vous trouvez sur le marché.

Les salades simples sont constituées d'un ingrédient de base, cru ou cuit, mais toujours servi avec une sauce froide ou tiède (vinaigrette, sauce au fromage blanc, etc.)

Quant aux salades composées, ce sont des plats plus élaborés, rassemblant des ingrédients divers choisis de manière à réaliser une harmonie de saveurs et de couleurs. Ces salades se servent en entrée, mais peuvent aussi constituer le mets principal d'un repas léger, si elles comportent une source de protéines (viande, poisson, noix, fromage, etc.)

39
Saumon et moules tièdes en salade et asperges vertes

Pour 4 personnes
180 g (6 oz) de saumon en filet
12 moules
200 g (8 oz) d'asperges vertes
8 pieds de salade mâche
12 feuilles d'épinard
Sauce vinaigrette à l'échalote
(voir recette 9)
Sel et poivre

Menu proposé

Saumon et moules tièdes en salade et asperges vertes
69 **Fricassée de poulet de grain et pintadeau au vinaigre de framboise**
107 **Sorbet aux raisins**

Découper le saumon en 12 escalopes.
Cuire les asperges vertes « al dente » dans l'eau bouillante salée.
Disposer avec goût dans une belle assiette la mâche et les épinards préalablement lavés et égouttés.

À la dernière minute :

Faire ouvrir les moules dans une casserole à feu vif.
Placer les escalopes de saumon dans une plaque et les passer sous la salamandre ou sous le gril de votre four pendant une trentaine de secondes.
Disposer les escalopes de saumon et les moules (3 par personne) sur le lit de salade.
Passer la vinaigrette à l'échalote sur l'assiette à l'aide d'un pinceau.

- Cette salade doit être servie tiède.

- Les escalopes de saumon peuvent aussi être cuites dans une poêle anti-adhésive.

Les moules sont des mollusques à faible teneur en calories, pauvres en gras et riches en fer.

40
Salade de blanc de lotte à l'huile de noisette

Pour 4 personnes
200 g (7 oz) de lotte sans arêtes
16 haricots extra fins
2 branches de céleri
8 champignons de Paris
20 feuilles de trévise
12 pieds de mâche
16 noisettes écalées
100 ml (½ tasse) d'huile de noisette
200 ml (1 tasse) d'huile de tournesol

50 ml (2 oz) de vinaigre blanc
Jus de 1 citron
Sel et poivre

Menu proposé

Salade de blanc de lotte à l'huile de noisette
82 **Médaillons d'agneau aux raisins**
115 **Papilotes à la banane et aux bleuets**

Cuire « al dente » les haricots verts dans l'eau bouillante salée.

Nettoyer et couper la lotte en médaillons et déposer les médaillons sur un plat de cuisson. Réserver au réfrigérateur.

Couper le céleri en julienne.

Citronner et couper en julienne les champignons.

Préparer de belles assiettes de salade avec la mâche, la trévise, les haricots verts, la julienne de céleri et les champignons.

Préparer la vinaigrette avec l'huile de noisette, l'huile de tournesol, le vinaigre blanc, le jus de citron, le sel et le poivre.

Assaisonner la lotte à la dernière minute et la passer de 30 à 45 secondes sous le gril du four. La lotte doit rester moelleuse une fois cuite.

Déposer les morceaux sur la salade.

Verser la vinaigrette sur le dessus.

Servir tiède, aussitôt.

Les champignons sont considérés comme de savoureux et délicats condiments plutôt que de véritables légumes.

41

Salade de cailles aux champignons

Pour 4 personnes

4 cailles de 150 g (5 oz)

150 g (5 oz) de champignons

120 g (4 oz) d'asperges vertes

Salade : laitue, mâche, frisée (suivant la saison et le marché)

15 ml (1 c. soupe) d'huile d'olive

Sel et poivre

Sauce vinaigrette à l'échalote
(voir recette 9)

Menu proposé

Salade de cailles aux champignons

60 **Tartare de saumon aux pousses de soja**

104 **Sorbet aux bleuets**

Couper les cailles en deux et, dans une poêle, les saisir dans un peu d'huile d'olive.

Saler, poivrer et finir de les cuire au four à 350 °F (175 °C) pendant 4 à 5 minutes. Les retirer. Laisser refroidir. Séparer la poitrine de la cuisse. Retirer les petits os de la poitrine. Garder et placer au frais.

Couper les asperges vertes pour avoir des pointes de 3 cm (un peu plus de 1 po) de long et cuire « al dente » dans l'eau bouillante salée. Rafraîchir aussitôt.

Dresser 4 assiettes avec la salade. Déposer les asperges vertes dessus ainsi que les champignons coupés en tranches minces.

Trancher les poitrines de cailles en fines escalopes. Les déposer sur la salade. Placer les cuisses des cailles à côté. Arroser avec la vinaigrette à l'échalote.

Une salade peut être très agréable en plat principal lors d'un repas léger. Si vous avez un fumoir à votre portée, procurez-vous des cailles fumées. Elles seront délicieuses en salade.

À bon saucier sauce simple.

42
Salade de homard au pamplemousse

Pour 4 personnes
2 homards de 450 g (1 lb)
Salade : boston, frisée, endives
2 tomates moyennes (6 oz)
80 g (3 oz) de pois mange-tout
2 pamplemousses, rosés de préfé-rence
Quelques brins de ciboulette

Quelques brins de cerfeuil ou de basilic
Vinaigrette au pamplemousse
(voir recette 11)

Menu proposé

Salade de homard au pamplemousse
71 Poulet en papillotes au miel
122 Ma crème santé

Cuire les homards dans l'eau bouillante salée pendant 18 minutes.

Cuire à l'eau bouillante salée les pois mange-tout préalablement équeutés.

Peler les tomates et les couper en dés.

Peler et découper les pamplemousses en quartiers.

Refroidir les homards une fois cuits. Décortiquer et trancher la queue en escalopes.

Dresser la salade choisie dans le fond de chaque assiette.

Disposer avec goût les pois mange-tout, les tomates en dés et les pamplemousses en quartiers.

Ajouter les tranches de homard.

Parsemer d'herbes fraîches.

Arroser avec la vinaigrette de pamplemousse.

● Toujours rafraîchir les légumes verts rapidement une fois la cuisson terminée. Ils conservent ainsi leur couleur.

Les pamplemousses et les autres agrumes constituent de précieux ingrédients pour les entrées ou les salades. En plus d'agrémenter la présentation et la saveur de ces plats, ils en rehaussent la valeur nutritive.

43
Salade d'épinards et sorbet de tomates

Pour 4 personnes
Salade
   300 g (10 oz) d'épinards
   200 g (7 oz) de champignons
   2 tomates
   Vinaigrette à l'échalote
    (voir recette 9)
Sorbet
   300 g (1 lb) de tomates

Jus de 1 citron
1 blanc d'œuf
½ c. à soupe de pâte de tomate

Menu proposé

Salade d'épinards et sorbet de tomates
53 **Homards aux agrumes**
128 **Tartes aux pommes à ma mode**

Le sorbet :

Peler et épépiner les tomates. Les couper en dés et les faire congeler dans un plat, la veille.

Mettre les tomates congelées, le jus de citron, le blanc d'œuf et la pâte de tomate au mélangeur et broyer jusqu'à ce que le tout forme une pâte. Faire congeler. Conserver au congélateur.

Laver et équeuter les épinards.

Trancher les champignons.

Peler les 2 tomates. Les couper en deux et les évider.

Placer le sorbet à l'intérieur de chacune juste avant de servir.

Faire un fond dans chaque assiette avec les épinards. Disposer harmonieusement les champignons autour. Au milieu de l'assiette placer la demi-tomate remplie du sorbet de tomates.

Arroser les épinards de vinaigrette à l'échalote.

- Faire le sorbet de tomates le jour même de l'emploi. La haute quantité d'eau contenue dans la tomate fera givrer votre sorbet si vous le laissez trop longtemps au congélateur.

Les feuilles d'épinards peuvent se consommer crues, en salade, ou cuites. Si vous les faites cuire, n'utilisez que l'eau présente sur les feuilles lavées et faites-les cuire à découvert jusqu'à l'affaissement des feuilles. Les épinards conservent ainsi leur couleur et leur valeur nutritive.

44

Salade de mâche aux foies de volaille

Pour 4 personnes	Menu proposé
400 g de (15 oz) de mâche	**Salade de mâche aux foies de volaille**
16 foies de volaille	
2 oranges	62 **Flétan rôti au jus de soja**
60 g (2 oz) de cerneaux de noix	117 **Compote de pêches à la menthe fraîche**
Sel et poivre	
Vinaigrette au curry (voir recette 10)	

Éplucher la mâche en coupant la base pour retirer les feuilles abîmées, sans défaire les bouquets. Laver ceux-ci dans plusieurs eaux pour éliminer le sable. Égoutter.

Éplucher l'orange à vif et défaire en segments.

Parer les foies de volaille en enlevant toutes les parties nerveuses et verdâtres. Les couper en deux.

Déposer dans un plat allant au four et garder au frais.

Disposer la mâche dans le fond de chaque assiette. Placer harmonieusement les tranches d'orange et les cerneaux de noix.

Cuire les foies de volaille, préalablement assaisonnés, dans une poêle anti-adhésive pendant 1 minute environ, de manière à ce qu'ils restent bien roses.

Poser aussitôt les foies sur la salade.

Arroser de la vinaigrette et servir tiède.

Les salades tièdes sont de bonnes entrées originales et apportent une note inattendue à vos menus.

45
Salade d'automne

Pour 4 personnes

1 scarole ou 1 boston
2 grappes de raisins blancs
2 pommes
1 tranche de 200 g (6 oz) de jambon
   cru
150 g (5 oz) de poireaux
50 g (2 oz) de pignons

Sauce vinaigrette au pamplemousse
(voir recette 11)

Menu proposé

Salade d'automne
52 **Homards au chou**
115 **Papillotes à la banane et aux
bleuets**

Laver et couper les poireaux en julienne et les
   cuire à l'eau bouillante. Rafraîchir.
Laver la salade. L'égoutter et couper les
   feuilles en 2 ou 3 morceaux.
Égrener les raisins.
Éplucher, épépiner et couper les pommes en
   lamelles fines.

Retirer la couenne et le gras de la tranche de
   jambon et la découper en petits dés.
Disposer tous les éléments dans chaque
   assiette, sans oublier les pignons.
Arroser avec la sauce vinaigrette au pamplemousse.

**Il existe plusieurs variétés de salade : l'iceberg, la boston, la chicorée, etc.
Utilisez celle qui vous semble la plus fraîche au marché ou celle qui a votre préférence.**

46
Salade de chicorée aux gésiers de volaille

Pour 4 personnes

8 gésiers de volaille

200 g (7 oz) d'asperges vertes (les pointes seulement)

200 g (7 oz) de haricots verts fins équeutés

200 g (7 oz) de champignons

100 g (3½ oz) de noisettes

1 salade frisée

Sauce vinaigrette au curry
(voir recette 10)

Pour la cuisson des gésiers :

1 petite carotte

1 petit oignon

1 petit bouquet garni

Menu proposé

Salade de chicorée aux gésiers de volaille

65 **Pot-au-feu du pêcheur**

106 **Sorbet aux pêches**

Laver soigneusement les gésiers. Éplucher et couper la carotte et l'oignon en petits morceaux.

Cuire les gésiers dans ½ litre (2 tasses) d'eau bouillante avec la carotte, l'oignon, le bouquet garni, le sel et le poivre, pendant 20 minutes.

Cuire séparément dans 2 casseroles d'eau bouillante salée les haricots verts et les pointes d'asperges en les gardant croquants.

Refroidir dans l'eau glacée et égoutter.

Éplucher, laver et égoutter la salade.

Placer dans chaque assiette la frisée et décorer avec les pointes d'asperges, les haricots verts et les champignons crus.

Mettre les gésiers au centre.

Arroser le tout de la sauce vinaigrette au curry et parsemer avec les noisettes.

- Les gésiers confits ont une saveur plus intéressante, mais sont beaucoup plus gras que préparés selon cette méthode.

Il ne faut pas peler les champignons. Ils y perdraient beaucoup en saveur.

47
Salade de champignons crus

Pour 4 personnes
250 g (9 oz) de champignons
1 laitue
100 g (4 oz) de fromage blanc à 0,5%
50 g (2 oz) de crème sûre à 1%
50 ml (3 c. à soupe) de lait à 2%
15 g (1 c. à soupe) d'aneth haché
15 g (1 c. à soupe) de ciboulette hachée

Jus de 1 citron
25 g (1 oz) d'échalote hachée
150 g (6 oz) de concombre
Sel et poivre

Menu proposé

Salade de champignons crus
56 **Filets de sole au Porto**
127 **Pommes en cage**

Mélanger le fromage blanc, la crème sûre, le lait, l'aneth haché, la ciboulette hachée. Assaisonner.

Laver et couper en tranches les champignons et les incorporer délicatement au mélange.

Laver, sécher et déposer la laitue dans chacune des 4 assiettes.

Disposer les champignons au milieu et décorer avec les tranches de concombres.

Le marché offre de plus en plus de produits à teneur réduite en matières grasses (fromage, yogourt, crème sûre). Lisez les étiquettes ; elles sont une source importante de renseignements sur la valeur nutritionnelle des aliments.

48
Croûtons de chèvre et quelques feuilles

Pour 4 personnes

200 g (8 oz) de fromage de chèvre à basse teneur en matière grasse

4 croûtons (de préférence dans la baguette)

1 laitue

15 ml (1 c. à soupe) d'huile d'olive

15 g (1 c. à soupe) d'herbes hachées (ciboulette, basilic, etc.)

Sauce vinaigrette à l'échalote
(voir recette 9)

Poivre en moulin

40 g (1½ oz) de pignons

Menu proposé

Croûtons de chèvre et quelques feuilles

66 **Filet d'espadon à la crème de poivron rouge et julienne de légumes**

119 **Œufs à la neige aux fraises**

Couper le fromage en 4 tronçons. Humecter le dessus avec l'huile d'olive et parsemer d'herbes hachées. Donner un tour de moulin à poivre.

Laver, sécher et disposer la laitue dans le fond de chaque assiette.

Placer les tronçons de chèvre sur les croûtons.

Passer les croûtons au four chauffé à 350 °F (175 °C) pendant 3 à 4 minutes, jusqu'à ce que le chèvre devienne chaud et commence à gratiner sur le dessus.

Arroser de vinaigrette à l'échalote les feuilles de laitue.

Disposer le croûton de chèvre au milieu.

Parsemer de pignons de pin et servir aussitôt.

Une excellente salade à servir soit en entrée, soit après le plat principal. Si vous aimez beaucoup le chèvre, vous pouvez aussi doubler la recette et en faire votre plat principal.

Poissons, mollusques et crustacés

Les poissons, coquillages et fruits de mer qu'on trouve sur le marché sont suffisamment nombreux et variés pour combler les gens en quête de nouvelles expériences culinaires. De plus en plus, ils occupent une place de choix sur nos tables : un saumon frais poché est un vrai festin, tant pour l'œil que pour le palais. La saveur délicate de l'huître ravit les plus fines bouches. Et les moules, plus économiques, récompensent dignement les efforts de tout cuisinier.

Ces produits sont plus périssables que la viande ou que la volaille. Il faut donc s'assurer de leur fraîcheur au moment de l'achat. L'aspect général (peau luisante, œil brillant, ouïes roses, chair ferme et élastique pour les poissons) et l'odeur sont les deux principaux critères à surveiller.

Du point de vue nutritionnel, les poissons présentent l'avantage d'avoir une faible teneur en gras. Même ceux qu'on avait jusqu'ici plus ou moins négligés sont maintenant recherchés parce que les types de gras qu'ils contiennent ont un effet bénéfique sur la santé. Servis avec un riz, des pâtes alimentaires ou une pomme de terre, ils gagneront toujours votre faveur.

49

Pétoncles en civet aux poivrons doux

Pour 4 personnes

600 g (1 lb 5 oz) de pétoncles

50 g (2 oz) de poitrine fumée ou bacon

50 g (2 oz) de poivron rouge

50 g (2 oz) de poivron vert

50 g (2 oz) de champignons

100 ml (½ tasse) d'huile d'arachide

50 g (2 oz) d'échalotes entières

25 g (1 oz) d'échalotes hachées

50 g (2 oz) de carottes

50 g (2 oz) d'oignons

½ gousse d'ail

½ l (2 tasses) de vin rouge corsé

1 kg (2 lb 3 oz) d'arêtes de poisson concassées

25 g (1 oz) de beurre

Menu proposé

26 Petits pots de foies blonds de volaille

Pétoncles en civet aux poivrons doux

123 Papaye rafraîchie au fenouil

La sauce :

Faire suer dans une casserole, avec de l'huile, l'échalote, les carottes et les oignons, le tout coupé grossièrement.

Ajouter la demi-gousse d'ail, puis les arêtes de poisson concassées, ½ litre de vin rouge et ½ litre d'eau.

Laisser bouillir 30 minutes.

Passer dans une passoire et laisser réduire pour en avoir environ 200 ml (1 tasse). Cette sauce doit avoir un aspect légèrement sirupeux. Garder au chaud.

Couper le bacon en dés et le faire blanchir.

Épépiner les poivrons et les couper en dés (brunoise).

Faire sauter les cubes de poivrons dans une poêle anti-adhésive, avec un peu d'huile. Garder au chaud.

Faire sauter dans la même poêle les champignons coupés en 4 et le bacon. Garder au chaud.

Poêler les pétoncles dans une noix de beurre, avec les échalotes hachées.

Verser la sauce dans le fond des assiettes.

Dresser les pétoncles en rond dans l'assiette.

Mettre le mélange bacon-champignons au milieu et les poivrons sur chaque pétoncle.

● Dans cette recette utilisez un « petit » bourgogne ou un simple vin de pays. Gardez vos grands crus pour les occasions spéciales !

Comme les poissons, les mollusques ont l'avantage de contenir moins de gras que la viande. De plus, leur type de gras est moins nuisible pour la santé.

Les recettes de votre grand-mère
seront toujours les meilleures.

50
Brochettes de pétoncles au gingembre

Pour 4 personnes

16 pétoncles

3 tranches de jambon fumé sans gras, coupées en quatre

4 morceaux de céleri

4 fleurs de brocoli

4 boules de carottes

4 champignons

8 copeaux de carottes pour la garniture

150 g (5 oz) d'épinards

30 g (1 oz) de gingembre frais

50 g (2 oz) d'échalotes hachées

250 ml (1 tasse) de vermouth sec

250 ml (1 tasse) de fumet de poisson
(voir recette 5)

150 g (5 oz) de fromage blanc à 0,5%

15 ml (1 c. soupe) d'huile d'arachide

Sel et poivre

Menu proposé

21 **Fleurs de courgettes farcies**

Brochettes de pétoncles au gingembre

120 **Nage de melon et cerises au pineau des Charentes**

Confectionner les boules de carottes avec une grosse cuiller parisienne.

Cuire séparément les brocolis, le céleri et les boules de carottes « al dente » dans l'eau bouillante salée.

Équeuter et laver les épinards

Confectionner les 4 brochettes en intercalant les pétoncles, le jambon, le céleri, les boules de carottes et les champignons.

Garder au frais.

Faire réduire dans une casserole le gingembre coupé en rondelles, les échalotes hachées, le vermouth sec et le fumet de poisson.

Réduire au tiers. Passer dans une passoire et monter hors du feu avec le fromage blanc. Ne pas faire bouillir. Vérifier l'assaisonnement.

Garder au bain-marie.

Cuire les brochettes au four 10 minutes à 350 °F (175 °C) avec le sel, le poivre et un filet d'huile sur le dessus. Les pétoncles ne doivent pas trop cuire. Ils doivent rester moelleux.

Faire cuire les épinards environ 1 minute dans une poêle anti-adhésive (les feuilles doivent être juste fondues et rester entières).

Déposer les épinards dans le fond de l'assiette.

Placer la brochette dessus.

Verser délicatement la sauce de chaque côté.

Garnir avec les copeaux de carottes blanchis parsemés sur la sauce.

- Du riz brun, servi à part, est très approprié comme accompagnement.

**Les pétoncles sont des mollusques qui renferment très peu de matières grasses.
En évitant de trop les cuire, ils resteront tendres et moelleux.**

51
Pétoncles aux algues et coulis de persil

Pour 4 personnes
600 g (1 lb 5 oz) de pétoncles
30 g (1¼ oz) d'algues séchées (Hijiki de préférence)
100 g (4 oz) de julienne de légumes (carottes, navets, poireaux)
Coulis de persil (voir recette 7)
Sel et poivre

Menu proposé
14 **Gâteau de légumes**
Pétoncles aux algues et coulis de persil
113 **Pommes givrées**

Faire tremper les algues séchées 30 minutes dans l'eau tiède.

Nettoyer, éplucher et couper les légumes en julienne. Les cuire quelques minutes à l'eau bouillante salée.

Confectionner le coulis de persil (voir recette 7).

Installer les algues égouttées dans le fond des « bambou-steamers ».

Déposer les pétoncles dessus. Saler et poivrer légèrement.

Installer un bain-marie sur le feu avec de 1 à 2 cm d'eau, de façon à pouvoir y placer les 4 « bambou-steamers ».

Cuire 5 minutes en gardant l'eau frissonnante. Les pétoncles doivent rester moelleux.

Verser le coulis de persil dans une assiette à soupe.

Poser la julienne de légumes au milieu et servir les pétoncles dans les « bambou-steamers » à côté.

● Pour cette recette, il est donc bon d'avoir des « bambou-steamers » pour la cuisson et la présentation. Si vous n'en avez pas, vous pouvez toujours cuire les pétoncles dans votre marguerite et, pour la présentation, les déposer directement dans l'assiette avec le coulis de persil au fond et la julienne de légumes au milieu.

Outre leur rôle dans l'industrie alimentaire, les algues connaissent un regain d'intérêt en cuisine comme source de protéines, d'iode, de vitamines et de sels minéraux.

52
Homards au chou

Pour 4 personnes

4 homards de 500 à 700 g (1 à 1½ lb)
16 feuilles de chou frisé ou de savoie
50 ml (3 c. à soupe) d'huile d'arachide
250 ml (1 tasse) de vin blanc sec
250 ml (1 tasse) de fumet de poisson
 (voir recette 5)
100 ml (½ tasse) de crème à 35%

100 g (5 oz) de fromage blanc à 0,5%
Sel et poivre

Menu proposé

45 **Salade d'automne**
  Homards au chou
115 **Papillotes à la banane et aux**
  bleuets

Cuire les homards dans l'eau bouillante salée pendant 15 minutes.

Blanchir les feuilles de chou, les rafraîchir et les étendre sur un linge pour ne pas les briser. Enlever les nervures centrales.

Décortiquer les pinces et les queues des homards. Trancher les queues en 6 tronçons.

Saler et poivrer chaque morceau et l'envelopper dans une feuille de chou de manière à faire des petits paquets. Conserver au frais.

La sauce :

Faire revenir les échalotes dans une casserole avec un filet d'huile, jusqu'à un début de coloration. Ajouter le vin blanc sec et le fumet de poisson.

Réduire de moitié. Ajouter la crème et réduire de nouveau de moitié.

Ajouter, au moment de servir, le fromage blanc. Vérifier l'assaisonnement. Ne plus faire bouillir et garder au chaud.

Placer les paquets de homard sur une plaque allant au four. Recouvrir d'un papier d'aluminium et enfourner 8 minutes à 350 °F (175 °C).

Verser la sauce dans le fond de l'assiette et déposer les paquets de homard.

- On peut ajouter un concassé de tomates en guise de garniture, au milieu de l'assiette.

- Accompagner de riz, servi à part.

Une façon de manger les homards autrement que bouillis.

Tôt le matin,
faites un petit tour dans le jardin.
Cueillez vos herbes et vos fruits,
la fraîcheur des produits
vous est ainsi garantie.

53
Homards aux agrumes

Pour 4 personnes

**4 homards vivants de 450 à 500 g
(1 à 1¼ lb)**

4 oranges

2 pamplemousses

15 ml (1 c. à soupe) de miel

250 ml (1 tasse) de fumet de poisson
(voir recette 5)

4 portions de riz pilaf

Sel et poivre

Menu proposé

43 **Salade d'épinards et sorbet de
tomates**

Homards aux agrumes

128 **Tartes aux pommes à ma mode**

Cuire les homards 10 minutes dans l'eau bouillante salée. Les refroidir et décortiquer les
pinces et les queues. Couper ces dernières
en 4 ou 5 tronçons.

Lever les zestes de la moitié des fruits et en
extraire le jus.

Émincer les zestes en julienne fine et blanchir.
Conserver.

Prélever les quartiers de l'autre moitié des
fruits.

Faire caraméliser légèrement le miel dans
une casserole. Puis ajouter le jus de fruit et
le fumet de poisson.

Faire réduire le tout à ¾ de tasse.

Réchauffer les homards, les quartiers de fruits
et les zestes dans cette sauce pendant
quelques minutes.

Déposer le riz au milieu de chaque assiette,
puis disposer harmonieusement les
homards, les zestes et les quartiers.

**Puisque la vitamine C contenue dans le jus des agrumes s'oxyde facilement à l'air et à la
lumière, il est conseillé de conserver ces jus dans des récipients opaques fermés.**

54
Scampis au jus de carottes

Pour 4 personnes
24 scampis
300 ml (1¼ tasse) de jus de carottes
8 oignons blancs (ciboules)
90 g (3 oz) de julienne de carottes
90 g (3 oz) de julienne de poireaux
Jus de 2 citrons

200 g (7 oz) de fromage blanc à 0,5%
Sel et poivre

Menu proposé

36 **Crème de citrouille dans son écrin**
    Scampis au jus de carottes
128 **Tartes aux pommes à ma mode**

Décortiquer les scampis. Réserver.

Faire le jus de carottes à la centrifugeuse.

Faire cuire les oignons dans l'eau bouillante.

Faire frémir le jus de carottes et ajouter le jus de citron, le sel, le poivre. Laisser macérer les scampis sans faire bouillir.

Ajouter les légumes et les oignons blancs aux scampis pour quelques minutes.

Répartir les légumes et les scampis dans chaque assiette.

Ajouter, hors du feu, le fromage blanc et chauffer sans faire bouillir.

Vérifier l'assaisonnement.

Verser la sauce sur les scampis.

● Accompagner d'un riz, servi à part.

Quelle savoureuse combinaison que le goût légèrement sucré des carottes et le velouté des scampis !

55
Petits filets de sole à la matignon d'endives

Pour 4 personnes

**4 petites soles de Douvres ou
16 filets de sole de Douvres**

4 endives

Jus de 1 citron

1 pincée de sucre

50 ml (3 c. à soupe) d'huile

**150 ml (¾ tasse) de vin blanc sec
(muscadet)**

100 ml (½ tasse) de crème à 35%

150 g (5 oz) de fromage blanc à 0,5%

15 g (1 c. à soupe) de beurre

150 ml (¾ tasse) de fumet de poisson
(voir recette 5)

50 g (2 oz) d'échalotes hachées

Sel, poivre et muscade

Menu proposé

33 **Soupe au melon**

**Petits filets de sole à la matignon
d'endives**

124 **Petits pots au thé vert**

Couper les filets de sole en deux dans le sens de la longueur et faire un nœud avec chacun des demi-filets.

Étaler les échalotes hachées sur une plaque allant au four.

Déposer les filets de sole par-dessus et ajouter le vin blanc et le fumet de poisson.

Saler et poivrer. Garder au frais.

Nettoyer et couper le pied dur de l'endive. Couper les feuilles en trois et les mettre dans un bol à mélanger. Saler, poivrer. Ajouter la muscade, le jus de citron et le sucre.

Laisser les endives dans un endroit tempéré de votre cuisine pendant 1 heure de manière à ce qu'elles « tombent », c'est-à-dire qu'elles cuisent sous l'effet de l'assaisonnement et du jus de citron.

Passer les filets au four pendant 6 minutes à 350 °F (175 °C).

Retirer les filets de sole et récupérer le jus de cuisson dans une casserole. Laisser réduire un peu. Ajouter la crème et laisser réduire de nouveau aux ¾. Ajouter le fromage blanc et ne plus faire bouillir.

Égoutter les endives une fois « tombées », et les faire sauter dans une poêle avec une noix de beurre, quelques minutes.

Dresser les filets de sole en rond dans chaque assiette et déposer les endives au milieu.

Napper avec la sauce.

On pense surtout à l'endive pour la salade, mais elle est aussi bonne, quoique différente, cuite.
Cuisez-la le plus vite possible car, comme pour les autres légumes à feuilles,
sa saveur et sa valeur nutritive ne supportent pas une trop longue cuisson.

56
Filets de sole au porto

Pour 4 personnes

**4 petites soles de Douvres ou
16 filets de sole**

50 g (2 oz) d'échalotes hachées

200 ml (1 tasse) de porto

100 ml (½ tasse) de Noilly-Prat

100 ml (½ tasse) de vin blanc

**450 g (1 lb) de nouilles fraîches
(au blé entier de préférence)**

150 g (5 oz) de fromage blanc à 0,5%

Sel et poivre

Menu proposé

47 Salade de champignons crus

Filets de sole au porto

127 Pommes en cage

Faire lever les filets de sole par votre poissonnier.

Déposer les filets dans une poêle. Ajouter
l'échalote hachée, le porto, le vin blanc, le
Noilly-Pratt, le sel, le poivre et cuire
5 minutes sur le feu.

Cuire les nouilles « al dente » à l'eau bouillante
salée. Réserver.

Retirer les filets de sole. Les conserver au
chaud et réduire le fond de cuisson à ¾ de
tasse.

Ajouter hors du feu le fromage blanc. Vérifier
l'assaisonnement et ne plus faire bouillir.

Déposer dans le fond de chaque assiette les
nouilles chaudes.

Déposer les filets de sole sur le dessus et
napper avec la sauce.

Tâchez d'utiliser la sole dite « de Douvres », pour son goût et sa texture.

57
Millefeuilles de saumon aux épinards

Pour 4 personnes
600 g (1 lb 5 oz) de filet de saumon
300 g (10 oz) d'épinards
250 ml (1 tasse) de fumet de poisson
   (voir recette 5)
250 ml (1 tasse) de porto
Jus de 1 citron
150 g (5 oz) de fromage blanc à 0,5%

Menu proposé
31 Fumet d'escargots à la pointe de curry
     Millefeuilles de saumon aux épinards
103 Sorbet aux framboises

Enlever la peau du saumon et le détailler en 12 escalopes. Réserver au froid.

Équeuter et laver les épinards. Réserver.

La sauce :

Réduire le porto avec le fumet de poisson et le jus de citron, de manière à obtenir 150 ml (½ tasse).

Ajouter le fromage blanc hors du feu et sans faire bouillir. Passer dans une passoire. Garder au chaud.

Faire sauter rapidement les épinards dans une poêle anti-adhésive, et faire cuire jusqu'à ce qu'ils commencent à ramollir. Saler et poivrer. Garder au chaud.

Cuire rapidement le saumon dans une poêle anti-adhésive. Saler et poivrer.

Dresser l'un par-dessus l'autre le saumon et les épinards, de manière à avoir 2 couches d'épinards intercalées entre 3 escalopes.

Dresser la sauce autour.

- Servir ce plat avec un riz et des légumes frais du jardin.

- Le saumon prend très peu de temps à cuire. Dans une poêle bien chaude, 20 à 30 secondes de chaque côté suffisent.

Même si le saumon est considéré comme un poisson gras, son contenu en matières grasses est inférieur à celui du porc ou du bœuf. Cru ou cuit, sa chair raffinée séduira vos convives les plus difficiles.

58
Escalopes de saumon à la mousse de cresson

Pour 4 personnes

600 g (1 lb 5 oz) de filet de saumon préparé
240 g (8 oz) d'épinards
280 g (9 oz) de cresson
100 g (3 oz) de fromage blanc à 0,5%
Jus de 1 citron
Sel et poivre

Menu proposé

35 Soupe de radis aux deux herbes
Escalopes de saumon à la mousse de cresson
122 **Ma crème santé**

Laver, équeuter le cresson et les épinards. Les faire suer dans une casserole jusqu'à complète évaporation de l'eau de végétation.

Transformer le tout en purée au mélangeur. Ajouter le jus de citron, le fromage blanc, le sel et le poivre. Garder au chaud sans faire bouillir.

Découper le saumon, sans arêtes et sans peau, en 8 escalopes de 6 mm (¼ po) d'épaisseur.

Assaisonner les tranches de saumon. Faire chauffer une poêle anti-adhésive et y déposer les escalopes que l'on saisira une vingtaine de secondes de chaque côté. (Le saumon sera juste cuit et moelleux.)

Déposer la mousse de cresson dans le fond de chaque assiette, puis déposer les escalopes par-dessus.

● Accompagner de riz, servi à part.

Le cresson contient peu de calories et beaucoup de vitamines ainsi que du calcium et d'autres minéraux.

59
Filet de saumon à la provençale

Pour 4 personnes

1 filet de saumon de 600 g (1 lb 5 oz)
50 ml (3 c. à soupe) d'huile d'arachide
450 g (1 lb) de tomates
50 g (2 oz) d'échalotes hachées
150 ml (¾ tasse) de vin blanc
150 ml (¾ tasse) de fumet de poisson
   (voir recette 5)
100 ml (3 oz) de fromage blanc à 0,5%
Sel et poivre

Garniture provençale :

100 g (3 oz) de mie de pain
15 g (1 c. à soupe) d'herbes aroma-
   tiques hachées
1 petites gousse d'ail hachée
50 ml (3 c. à soupe) d'huile d'olive

Menu proposé

37 Crème d'oseille
    Filet de saumon à la provençale
125 Soupe de figues aux agrumes

Peler et épépiner les tomates et les couper en tranches.

Préparer la garniture provençale en mélangeant les ingrédients qui la composent.

Découper le filet de saumon, sans arêtes et sans peau, en 4 portions.

Saler, poivrer et les disposer sur une plaque allant au four légèrement huilée.

Ajouter sur chaque morceau de saumon les tranches de tomates disposées en écailles, puis la garniture provençale sur les tranches de tomates.

Ajouter le vin blanc, le fumet de poisson et l'échalote hachée dans le fond de la plaque.

Cuire au four très chaud à 400 °F (200 °C) pendant 8 à 10 minutes.

Retirer les morceaux de poisson de la plaque et réserver au chaud.

Réduire le fond de cuisson à 150 ml (¾ tasse), puis incorporer hors du feu le fromage blanc. Vérifier l'assaisonnement.

Dresser le poisson sur les assiettes et verser la sauce autour.

Le goût de la Provence et de ses herbes sur notre saumon frais de l'Atlantique. Un régal !

60
Tartare de saumon aux pousses de soja

Pour 4 personnes

350 g (14 oz) de filet de saumon frais sans arêtes

100 g (3 oz) de saumon fumé

1 jaune d'œuf

80 ml (⅓ tasse) d'huile d'olive

15 g (1 c. à soupe) d'herbes fraîches hachées (cerfeuil, ciboulette)

10 câpres hachées

5 ml (1 c. à thé) de vinaigre blanc

Sauces Tabasco et Worcestershire

1 larme de cognac

175 g (6 oz) de pousses de soja

Menu proposé

41 **Salade de cailles aux champignons**

Tartare de saumon aux pousses de soja

104 **Sorbet aux bleuets**

À préparer au dernier moment.

Parer le saumon et enlever la peau.

Hacher finement au couteau ainsi que le saumon fumé.

Mélanger dans un bol le jaune d'œuf, les câpres hachées et le vinaigre.

Incorporer l'huile d'olive progressivement, puis ajouter les herbes hachées, quelques gouttes de Tabasco, de sauce Worcestershire et le cognac.

Ajouter le saumon à ce mélange. Rectifier l'assaisonnement.

Former de petits tartares et décorer le tour des assiettes avec les pousses de soja.

Riches en fer, les pousses de soja augmentent l'apport protéique de la recette.

61

Flétan en écailles vertes et tomates concassées

Pour 4 personnes

600 g (1 lb 5 oz) de filet de flétan
50 ml (3 c. à soupe) d'huile d'olive
450 g (1 lb) de courgettes
Tomates concassées (voir recette 8)
Quelques brins de ciboulette
Sel et poivre
Vinaigrette :
  60 ml (¼ tasse) d'huile d'olive
  Basilic haché
  Jus de ½ citron

Menu proposé

Laver les courgettes et les couper en fines tranches de 3 mm (⅛ po) d'épaisseur. Les faire blanchir à l'eau bouillante salée, puis les refroidir et les égoutter.

Préparer les tomates concassées et les garder au chaud.

Découper le filet de flétan, sans arêtes et sans peau, en 4 morceaux égaux. Saler et poivrer. Les poser sur une plaque avec un peu d'huile d'olive.

Disposer les rondelles de courgettes en écailles de poisson sur chaque filet.

Faire cuire au four pendant une dizaine de minutes à 350 °F (175 °C).

Préparer la vinaigrette en mélangeant l'huile d'olive, le jus de citron, le basilic haché, le sel et le poivre.

Déposer la tomate concassée chaude dans le fond de chaque assiette.

Poser le flétan sortant du four sur les tomates. Arroser aussitôt avec la vinaigrette.

Parsemer de quelques brins de ciboulette.

**Cette recette simple et sans sauce vous donnera le vrai goût de votre poisson
et des tomates fraîches.**

62

Flétan rôti au jus de soja

Pour 4 personnes
600 g (1 lb 5 oz) de filet de flétan
150 g (6 oz) de céleri-rave
120 g (5 oz) de pois mange-tout
15 ml (1 c. à soupe) d'huile d'arachide
250 g (½ lb) d'oignons
15 ml (1 c. à soupe) de sauce soja
150 g (6 oz) de fromage blanc à 0,5%

Sel et poivre
Jus de soja

Menu proposé

44 **Salade de mâche aux foies de volaille**
Flétan rôti au jus de soja
117 **Compote de pêches à la menthe fraîche**

Émincer les oignons et les faire fondre dans une casserole avec un peu d'huile, jusqu'à ce qu'ils soient très blonds. Ajouter l'eau et la sauce soja. Laisser cuire jusqu'à obtention de ¾ de tasse de liquide. Passer ce jus dans une passoire et ajouter, hors du feu, le fromage blanc.

Tenir au chaud sans faire bouillir

Éplucher et couper le céleri rave en julienne.

Équeuter les pois mange-tout.

Faire cuire séparément ces deux légumes dans l'eau bouillante salée.

Couper le flétan en 4 portions (après avoir retiré les arêtes et la peau).

Faire revenir le flétan dans une casserole anti-adhésive, jusqu'à ce qu'il prenne couleur. Saler et poivrer.

Terminer la cuisson au four à 350 °F (175 °C) pendant 5 à 10 minutes.

Disposer les pois mange-tout et la julienne de céleri-rave dans le fond de chaque assiette.

Ajouter le flétan et arroser du jus de soja.

Il m'est resté de l'Asie ce goût de soja, qui, je trouve, s'associe bien avec le flétan.

63
Mahi-mahi en laitue

Pour 4 personnes

4 portions de mahi-mahi de 150 g (5 oz) chacune

1 laitue

250 ml (1 tasse) de vin blanc

250 ml (1 tasse) de fumet de poisson (voir recette 5)

15 ml (1 c. soupe) de Noilly-Prat ou de Vermouth

25 g (1 oz) d'échalotes hachées

50 ml (3 c. à soupe) d'huile de tournesol

Jus de 1 citron

150 g (5 oz) de fromage blanc à 0,5%

Menu proposé

34 Soupe de concombres au yogourt rafraîchi

Mahi-mahi en laitue

105 Sorbet aux fraises

Plonger quelques secondes dans une casserole d'eau bouillante salée les feuilles de laitue dont on aura retiré les plus grosses nervures. Refroidir et les étendre sur un linge ou un papier absorbant.

Faire colorer dans une poêle anti-adhésive, les morceaux de mahi-mahi. Saler et poivrer.

Envelopper chaque portion de poisson avec les feuilles de laitue.

Faire dorer les échalotes hachées dans un filet d'huile, dans une casserole évasée qui puisse contenir les morceaux bien à plat.

Déposer les filets enveloppés. Ajouter le fumet de poisson, le Noilly-Prat, le vin blanc et le jus de citron. Saler et poivrer.

Laisser cuire de 6 à 8 minutes sur le feu.

Retirer les filets. Réduire le jus de cuisson à ½ tasse. Ajouter, hors du feu, le fromage blanc. Vérifier l'assaisonnement.

Déposer un filet dans chaque assiette.

Napper avec la sauce.

● Accompagner de riz, servi à part.

Le mahi-mahi est un poisson exotique que l'on peut trouver dans nos poissonneries. Cette recette peut s'adapter à n'importe quel poisson.

64
Truites en papillotes aux têtes de violon

Pour 4 personnes

4 truites de 180 à 200 g (6 à 8 oz)

300 g (10 oz) de têtes de violon

15 g (1 c. à soupe) de basilic haché

25 g (1 oz) d'échalotes hachées

50 ml (¼ tasse) de fumet de poisson
(voir recette 5)

50 ml (¼ tasse) de Noilly-Prat

Jus de 1 citron

Sel et poivre

Menu proposé

38 **La santé de légumes**

Truites en papillotes aux têtes de violon

121 **Mousse de mangue en fleur**

Équeuter et laver les têtes de violon. Les blanchir de 2 à 3 minutes.

Lever les filets de truites, en prenant soin de retirer toutes les arêtes.

Modeler 4 feuilles de papier d'aluminium en forme ovale en relevant les bords. Déposer les filets de truites. Assaisonner et ajouter le basilic haché, les échalotes hachées, les têtes de violon, le fumet de poisson, le Noilly-Prat et le jus de citron.

Refermer le papier en pinçant soigneusement les bords de façon à lui donner la forme d'une demi-lune.

Placer les papillottes sur une plaque et cuire au four à 400 °F (200 °C) 6 à 8 minutes.

Déposer les papillottes sur une assiette et découper légèrement aux ciseaux, pour qu'elles soient plus faciles à ouvrir.

● Accompagner d'un riz, servi à part.

Comme pour les autres légumes verts, les têtes de violon conservent leur belle couleur verte si on les cuit rapidement à découvert, dans un peu d'eau salée.

65
Pot-au-feu du pêcheur

Pour 4 personnes
1 petite sole
250 g (8 oz) de morue fraîche
250 g (8 oz) de lotte fraîche
2 homards de 500 g (1 lb)
4 petites carottes
4 petits poireaux
4 petits navets
50 g (2 oz) de haricots verts fins

500 ml (2 tasses) de fumet de poisson (voir recette 5)
50 ml (3 c. soupe) d'huile d'olive

Menu proposé

46 **Salade de chicorée aux gésiers de volaille**
Pot-au-feu du pêcheur
106 **Sorbet aux pêches**

Préparer le fumet de poisson avec les arêtes que vous aurez réservées. Saler très peu.

Éplucher les carottes et les navets en prenant soin de conserver leurs fanes.

Nettoyer les poireaux et enlever les feuilles vertes.

Équeuter les haricots verts.

Cuire tous ces légumes dans le fumet de poisson en les gardant à point.

Faire réduire le fumet de poisson au quart.

Cuire les homards dans l'eau bouillante salée pendant 15 minutes.

Tailler la lotte et la morue en 4 escalopes.

Déposer les 4 escalopes de lotte et de morue et les 4 filets de sole dans une plaque allant au four. À l'aide d'un pinceau, badigeonner avec l'huile d'olive. Saler et poivrer.

Enfourner les poissons à 300 °F (150 °C) pendant 5 minutes.

Passer le fumet de poisson réduit dans une passoire. Vérifier l'assaisonnement.

Disposer avec goût les poissons et les légumes dans 4 grandes assiettes, les demi-homards au centre. Arroser avec le fumet de poisson.

● Demander à votre poissonnier de lever les filets et de conserver les arêtes pour votre fumet.
Si votre poissonnier vous propose d'autres poissons que ceux indiqués dans cette recette, cela conviendra parfaitement.

Une recette naturelle, où le poisson frais est gagnant !

66

Filet d'espadon à la crème de poivron rouge et julienne de légumes

Pour 4 personnes

600 g (1 lb 5 oz) de filet d'espadon

50 ml (3 c. à soupe) d'huile de tournesol

8 poivrons rouges moyens

200 ml (1 tasse) de fumet de poisson
(voir recette 5)

200 ml (1 tasse) de fromage blanc à 0,5%

100 ml (½ tasse) de vin blanc

50 g (2 oz) d'échalotes hachées

100 g (4 oz) de julienne de légumes (carottes et poireaux)

100 g (4 oz) de haricots verts fins

Sel et poivre

Menu proposé

48 **Croûtons de chèvre et quelques feuilles**

Filet d'espadon à la crème de poivron rouge et julienne de légumes

119 **Œufs à la neige aux fraises**

Enlever la queue des poivrons rouges, les fendre en deux et retirer les graines.

Plonger les poivrons 5 minutes dans de l'eau bouillante. Les égoutter et les peler. (Cette opération permet d'enlever la peau des poivrons sans difficulté.)

Passer les poivrons au mélangeur et ajouter le fumet de poisson.

Réduire légèrement et vérifier l'assaisonnement. Filtrer dans une passoire et réserver.

Préparer la julienne de carottes et de poireaux.

Cuire les haricots verts « al dente » dans l'eau bouillante.

Refroidir pour arrêter la cuisson et réserver.

Faire 4 portions avec le filet d'espadon. Les placer dans une plaque allant au four avec les échalotes hachées, le vin blanc, le sel et le poivre.

Cuire au four pendant 8 minutes (selon l'épaisseur des portions) à 350 °F (175 °C).

Faire sauter la julienne de légumes, avec un filet d'huile dans une poêle anti-adhésive.

Réchauffer les haricots verts de la même manière.

Réchauffer la sauce et, sans la faire bouillir, ajouter le fromage blanc à 0,5%.

Déposer la sauce de poivrons rouge dans le fond de l'assiette.

Dresser la julienne de légumes au milieu et déposer l'espadon dessus.

Quadriller les filets d'espadon avec les haricots verts.

● Vous pouvez remplacer l'espadon par de la lotte, de la morue, du flétan, du thon ou du saumon.

La crème de poivron rouge : pour son goût et sa présentation.

67
Fricassée de lotte aux tomates fraîches

Pour 4 personnes

600 g (1 lb 5 oz) de lotte
450 g (1 lb) de tomates fraîches
50 g (2 oz) d'échalotes hachées
300 ml (1¼ tasse) de vin blanc
200 ml (1 tasse) de fumet de poisson
   (voir recette 5)
16 fleurs de brocoli
100 g (4 oz) de fromage blanc à 0,5%
Sel et poivre

Menu proposé

26 **Petits pots de foies blonds de volaille**
Fricassée de lotte aux tomates fraîches
114 **Gratin de fruits frais au sabayon de muscadet**

Peler et épépiner les tomates. Les couper en dés et garder ⅓ pour la garniture.

Nettoyer la lotte et la couper en médaillons.

Mettre la lotte, les échalotes hachées, les ⅔ des tomates, le vin blanc et le fumet de poisson dans une casserole. Assaisonner.

Partir sur le feu et finir au four à 300 °F (150 °C) pendant 10 minutes.

Retirer la lotte et réduire la sauce légèrement. Passer cette dernière au mélangeur de façon à obtenir une sauce bien lisse.

Réchauffer la sauce et, hors du feu, ajouter le fromage blanc.

Ajouter la lotte et le restant des tomates en dés. Réchauffer le tout sans faire bouillir.

Servir avec les fleurs de brocoli « al dente », délicatement posées dans l'assiette, autour de la fricassée.

La lotte est un poisson malheureusement trop ignoré dans notre pays, mais qui gagne à être connu !

68
Filets de dorade à la crème d'épinards

Pour 4 personnes
**4 dorades entières de 300 g (10 oz)
chacune**
400 g (15 oz) d'épinards frais
20 moules
200 g (7 oz) de fromage blanc à 0,5%
Sel et poivre

Menu proposé
24 **Flan de persil aux escargots**
**Filets de dorade à la crème
d'épinards**
116 **Terrine de poires et de fraises**

Demander à votre poissonnier de retirer les
filets de vos dorades. (S'ils ont plus de
2,5 cm d'épaisseur, les escaloper en deux.)
Équeuter et blanchir les épinards quelques
secondes dans l'eau bouillante.
Passer les épinards au mélangeur jusqu'à
l'obtention d'une purée lisse.
Ouvrir les moules dans une casserole et les
retirer de leurs coquilles. Elles serviront
pour la garniture.

Incorporer le fromage blanc à la purée
d'épinards. Assaisonner. Garder au chaud
sans bouillir.
Cuire les filets de dorade dans une poêle anti-
adhésive. Assaisonner.
Placer la purée d'épinards dans le fond de
l'assiette. Déposer les filets de dorade par
dessus et disposer les moules autour de
l'assiette.

● La dorade peut être remplacée par un
autre poisson de votre choix.

**Comme les autres poissons, la dorade fournit des protéines de haute qualité
et contient moins de gras que la viande.**

Petit et gros gibier, viande et volaille

Qui n'a jamais été ébloui devant la beauté d'un vol de canards sauvages ou le plumage éclatant du faisan ? De nos jours, il n'est pas nécessaire d'être chasseur pour apprécier le gibier : chacun peut acheter du chevreuil ou des perdrix chez un bon fournisseur.

Les pigeons et les lapins sont d'un prix abordable, tout comme les cailles d'élevage. Quant à la chair du gros gibier, son prix surprendra les plus sceptiques et sa valeur nutritive se compare bien à celle de la viande de porc ou de bœuf. Sa faible teneur en gras est de plus un atout précieux.

En ce qui concerne la viande de boucherie, le choix de coupes maigres, dépourvues de leur couche de gras, et l'utilisation d'un mode de cuisson « santé » permettront de réduire encore leur contenu en gras.

Si la facilité d'élevage des volailles a contribué à les rendre populaires, c'est cependant à la grande variété de plats auxquels elles se prêtent qu'elles doivent leur réputation gastronomique. Comme la plus grande partie du gras contenu dans la volaille adhère à la peau, il suffit d'enlever la peau pour en faire un aliment plus maigre.

Gibier, viande et volaille s'accompagnent à merveille d'une variété de légumes et de fruits, comme en témoignent les recettes proposées. Quelques autres aliments tels une pomme de terre, un riz sauvage ou des pâtes alimentaires pourront s'y joindre, si vous le désirez.

69

Fricassée de poulet de grain et pintadeau au vinaigre de framboise

---

Pour 8 personnes

1 poulet de grain de grosseur moyenne – 1 kg environ (2 lb 3 oz)

1 pintadeau de grosseur moyenne – 1 kg environ (2 lb 3 oz)

50 ml (3 c. à soupe) d'huile d'arachide

100 ml (½ tasse) de vinaigre de framboise

3 tomates moyennes

300 g (7 oz) de champignons

750 ml (3 tasses) de fond de volaille
(voir recette 4, ou en cubes)

50 g (2 oz) d'échalotes hachées

1 branche d'estragon

1 branche de thym

50 framboises fraîches (à défaut congelées, mais entières)

Menu proposé

---

39 **Saumon et moules tièdes en salade et asperges vertes**

Fricassée de poulet de grain et pintadeau au vinaigre de framboise

107 **Sorbet aux raisins**

Détailler le poulet et le pintadeau en retirant les poitrines et les cuisses, puis couper le poulet et le pintadeau en 8 portions chacun.

Colorer les morceaux dans une casserole avec de l'huile.

Ajouter le vinaigre de framboise, une fois les morceaux bien colorés, puis l'échalote hachée, le thym et l'estragon. Saler et poivrer.

Verser le fond de volaille et cuire 40 minutes.

Peler et épéniner les tomates, et les couper en petits cubes. Réserver.

Couper les champignons en 4. Réserver.

Retirer les morceaux une fois la cuisson du poulet et du pintadeau terminée et ajouter dans le fond de cuisson les tomates et les champignons. Réduire à 2 tasses. Vérifier l'assaisonnement.

Remettre les morceaux de poulet et de pintadeau dans le jus de cuisson.

Placer dans chaque assiette 1 morceau de poulet et de pintadeau. Arroser de jus et décorer avec de belles framboises.

● Conserver les os de volailles, qui vous permettront de faire le fond de volaille.

Dégraissez la volaille avant sa cuisson et évitez de consommer sa peau. Cela vous permettra de réduire votre consommation de matières grasses.

70
Poulet au gros sel

Pour 4 personnes

1 poulet de 1 kg (2 lb 3 oz) (de grain de préférence)
4 foies de volaille
1 kg (2 lb 3 oz) de farine
1 kg (2 lb 3 oz) de gros sel
350 ml (1½ tasse) d'eau
2 branches de basilic
2 branches de romarin

1 salade verte
Sauce vinaigrette aux échalotes
(voir recette 9)

Menu proposé

16 **Charlotte de pétoncles et esturgeon fumé**
Poulet au gros sel
112 **Granité de pamplemousse et larme de kirsch**

Mélanger la farine et le gros sel avec 350 ml d'eau.

Pétrir jusqu'à l'obtention d'une pâte bien homogène.

Saler et poivrer le poulet et glisser à l'intérieur le basilic, le romarin et les foies de volailles.

Ficeler le poulet.

Étaler la pâte avec la paume de la main et enrober le poulet le plus hermétiquement possible.

Poser le poulet sur une plaque allant au four et cuire 1½ heure à 350 °F (175 °C).

Nettoyer et égoutter la salade et préparer la sauce vinaigrette à l'échalote.

Déposer le poulet, une fois cuit, sur une planche et porter sur la table. La suite étonnera vos invités. Vous aurez alors un couteau dentelé qui servira à briser ou à couper la croûte de sel sur le dessus.

Retirer et couper le poulet.

Sortir les foies, les découper et les incorporer à la salade.

● Cette cuisson au sel est l'une des plus naturelles qui soit. Si vous avez la possibilité d'obtenir un poulet fermier, le résultat n'en sera que meilleur.

● Cette recette peut être réalisée avec un filet de bœuf. Le filet sera préalablement coloré dans une poêle, puis assaisonné. Il sera alors entièrement recouvert de feuilles de vigne. Par la suite, vous procéderez de la même façon avec la croûte de sel. La cuisson pour un filet de bœuf au gros sel pour 4 personnes (600 g – 1 lb 5 oz) varie de 20 à 25 minutes à 350 °F (175 °C) pour une cuisson saignante. Servir aussitôt, car le filet continue sa cuisson sous la croûte de sel.

Le poulet de grain se distingue du poulet « ordinaire » par son mode d'élevage.
Il possède une valeur nutritive comparable.

71
Poulet en papillotes au miel

Pour 4 personnes

**4 poitrines de poulet désossées
(150 g – 5 oz chacun)**

50 g (2 oz) de carottes en julienne

50 g (2 oz) de poireaux en julienne

50 g (2 oz) de céleri en julienne

50 g de chou vert émincé

150 ml (¾ tasse) de fond de volaille
(voir recette 4, ou en cubes)

30 g (2 c. à soupe) de miel

Sel et poivre

Menu proposé

42 Salade de homard au
pamplemousse
Poulet en papillotes au miel

122 Ma crème santé

Étendre les poitrines de poulet entre deux
pellicules de plastique et les aplatir à l'aide
d'un rouleau à pâte.

Faire sauter la julienne de légumes de 3 à 4
minutes dans une poêle anti-adhésive.

Couper 4 larges feuilles de papier d'aluminium.

Placer dans chacune d'elle la poitrine de
poulet. Ajouter la julienne de légumes.
Assaisonner.

Donner une forme creuse au papier pour
pouvoir ajouter le fond de poulet et le miel.

Refermer le papier et sceller de manière à ce
que le liquide ne sorte pas.

Cuire au four à 350 °F (175 °C) de 8 à 10
minutes.

Retirer du four et servir aussitôt.

● Vos hôtes ouvriront la papillote à table et
en apprécieront tout l'arôme.

**La cuisson en papillote emprisonne non seulement l'arôme, mais également
toute la valeur nutritive des aliments.**

72
Sauté de poulet aux pommes et au gingembre

Pour 4 personnes

600 g (1½ lb) de poulet, désossé et coupé en dés

50 g (2 oz) de poivrons verts en julienne

50 g (2 oz) de carottes en julienne

50 g (2 oz) de champignons en quartiers

10 g (2 c. à thé) de gingembre frais, pelé et émincé finement.

4 pommes épluchées, épépinées et coupées en quartiers

10 g (2 c. à thé) de fécule de maïs

400 ml (2 tasses) de fond de volaille (voir recette 4)

15 g (1 c. à soupe) de ciboulette hachée

15 ml (1 c. à soupe) de sauce soja

Sel et poivre

Menu proposé

23 **Huîtres aux algues et au curry**

Sauté de poulet aux pommes et au gingembre

125 **Soupe de figues aux agrumes**

Assaisonner le poulet et le faire sauter dans une poêle anti-adhésive de 3 à 5 minutes, jusqu'à coloration.

Retirer et garder au chaud.

Faire sauter les légumes (poivrons, carottes et champignons) dans la même poêle, pendant 3 minutes.

Ajouter le gingembre.

Dissoudre la fécule de maïs avec le fond de poulet et ajouter dans la poêle.

Ajouter le poulet et remuer continuellement jusqu'au premier bouillon ; laisser cuire quelques minutes. Ajouter un peu de sauce soja et vérifier l'assaisonnement.

Faire sauter les quartiers de pommes douce-ment, pendant 5 minutes, dans une poêle anti-adhésive.

Placer les pommes et le sauté de poulet dans le fond de chaque assiette. Saupoudrer de ciboulette hachée. Servir aussitôt.

Un goût de l'Orient, avec des légumes croquants et la douceur de la pomme.

Le petit secret d'un plat bien apprécié
n'est souvent autre que l'amour apporté
à bien le préparer.

73
Blancs de pintade aux amandes

Pour 4 personnes

2 pintades (1 kg – 2 lb 3 oz)

50 g (2 oz) d'amandes effilées et grillées

Sauce :

    25 g (1 oz) d'échalotes coupées aux ciseaux

    25 g (1 oz) de céleri, lavé et coupé en dés

    25 g (1 oz) de carottes épluchées et coupées en dés

1 branche de thym

1 feuille de laurier

700 ml (3 tasses) de fond de gibier (voir recette 2)

Sel et poivre

Menu proposé

17 **Saumon mariné à l'aneth**

    Blancs de pintade aux amandes

111 **Fleur des champs rafraîchie**

Retirer les poitrines de la pintade et réserver les carcasses pour la sauce. (Les cuisses seront utilisées pour une autre recette.)

Préparation de la sauce :

Concasser les carcasses et placer le tout dans une plaque à rôtir. Laisser dorer au four à 350 °F (175 °C), pendant 30 minutes.

Ajouter les légumes (céleri, carottes, échalotes), les herbes et remettre au four pour 10 autres minutes.

Retirer la plaque et la placer sur vos plaques chauffantes. Ajouter le fond de gibier. Porter à ébullition. Laisser réduire de moitié. Passer au chinois et vérifier l'assaisonnement. Réserver.

Assaisonner les poitrines et les faire sauter des deux côtés pendant 4 à 5 minutes dans une poêle anti-adhésive.

Ajouter 100 ml (½ tasse) de sauce que vous avez préparée.

Porter à ébullition et terminer la cuisson des pintades.

Retirer les pintades une fois la cuisson terminée.

Ajouter le reste de la sauce dans la poêle et réduire à 150 ml (¾ tasse) jusqu'à consistance sirupeuse.

Couper les poitrines de pintades soigneusement en 4 ou 5 tranches. Les poser au centre de l'assiette, verser un cordon de sauce tout autour et répandre les amandes effilées.

● Vous pouvez accompagner ce plat de riz sauvage.

Combinées aux autres aliments, les amandes contribuent à augmenter la quantité de protéines de la recette.

74
Suprêmes de faisan aux poireaux et aux champignons sauvages

Pour 4 personnes

4 suprêmes de faisan de 150 g (5 oz) chacun

30 g (1 oz) d'échalotes hachées

300 g (10 oz) de champignons sauvages (chanterelles, pleurotes, cèpes, etc.)

300 g (10 oz) de poireaux

Sel et poivre

Menu proposé

48 **Croûtons de chèvre et quelques feuilles**

Suprêmes de faisan aux poireaux et aux champignons sauvages

121 **Mousse de mangue en fleur**

Laver, couper les poireaux en deux sur la longueur, puis en morceaux de 5 cm (2 po). Les blanchir pendant 30 secondes. Égoutter et refroidir.

Nettoyer, laver et couper les champignons en morceaux.

Faire sauter les champignons dans une poêle anti-adhésive pendant 2 à 3 minutes, de manière à leur faire prendre couleur. Assaisonner. Réserver au chaud.

Ajouter dans cette même poêle les échalotes hachées, puis les champignons sauvages. Remuer en permanence et faire sauter le tout de 1 à 2 minutes.

Ajouter les poireaux bien égouttés et faire sauter de nouveau de 1 à 2 minutes.

Placer les suprêmes de faisan dans cette même poêle sur les champignons et les poireaux et mettre au four 5 à 7 minutes environ à 350 °F (175 °C). Le faisan doit être cuit tout en restant moelleux.

Placer la garniture (champignons, poireaux) dans le fond de chaque assiette. Détailler le faisan en aiguillettes et le disposer harmonieusement.

De nombreuses variétés de champignons sauvages poussent au Québec. Suivant les saisons, vous pourrez en utiliser plusieurs espèces dans cette recette. Apprenez à les reconnaître.

75
Faisan au figues fraîches

Pour 4 personnes
2 faisans (1 kg – 2 lb 3 oz)
12 figues fraîches
250 ml (1 tasse) de vin rouge
75 g (3 oz) de sucre
250 ml (1 tasse) de fond de veau
    (voir recette 1, ou en cubes)

100 ml (1 tasse) de crème à 35%
50 ml (3 c. à soupe) d'huile d'arachide

Menu proposé

22 **Huîtres aux herbes**
    Faisan aux figues fraîches
124 **Petits pots au thé vert**

Retirer les poitrines de chaque faisan. (Les cuisses pourront servir à une autre recette.) Poser les poitrines sur une plaque. Huiler légèrement. Saler et poivrer. Réserver.

Pocher les figues fraîches pendant 3 minutes dans le vin rouge et le sucre. Retirer et réduire le jus aux ¾. Garder au chaud.

La sauce :

Ajouter le fond de veau et la crème dans le jus de cuisson des figues. Réduire à ¾ de tasse.

Rôtir les poitrines de 12 à 15 minutes, dans un four à 350 °F (175 °C). Celle-ci doivent rester juteuses et moelleuses.

Découper en aiguillettes fines dans le sens de la longueur.

Disposer sur l'assiette de service chaude.

Napper de sauce.

Ajouter les figues, que vous aurez soigneusement ouvertes en éventail à l'aide d'un couteau.

Comparativement aux figues séchées, les figues fraîches ont l'avantage de contenir moins de sucre ; elles contiennent donc moins de calories.

76
Pigeon et son jus à la purée de petits pois

Pour 4 personnes

4 pigeons de 250 g (8 oz) environ chacun

500 g (18 oz) de petits pois verts, de préférence frais

50 g (2 oz) d'échalotes hachées

50 g (3 c. à soupe) d'huile d'olive

200 ml (1 tasse) de fond de gibier
(voir recette 2)

Sel et poivre

Menu proposé

20 **Côtelettes de légumes, sauce d'asperges Catherine**

Pigeon et son jus à la purée de petits pois

103 **Sorbet aux framboises**

Couper les pigeons en deux et retirer les os de la carcasse, qui serviront pour le fond de gibier.

Saler et poivrer les pigeons et les cuire dans une poêle avec un peu d'huile. Garder rose. (Cette opération est très rapide.)

Retirer les morceaux de pigeons et conserver au chaud.

Purée de petits pois :

Colorer dans la même poêle les échalotes hachées, puis ajouter les petits pois et 250 ml (1 tasse) d'eau. Saler et poivrer et cuire 15 minutes jusqu'à complète évaporation de l'eau. Avec des petits pois congelés, les décongeler et procéder de la même manière, mais les cuire seulement 3 à 5 minutes.

Passer le tout au mélangeur de manière à obtenir une purée bien lisse.

Déposer les demi-pigeons dans le fond de chaque assiette. (Les cuisses peuvent être détachées et les poitrines escalopées en 2 ou 3.) Former 2 quenelles de purée de petits pois, à l'aide de 2 cuillers à soupe.

Napper avec le fond de gibier. Servir aussitôt.

● La cuisson recommandée pour le pigeon est celle communément appelée « à la goutte de sang » : lorsque vous escalopez votre poitrine de pigeon, la chair rosée doit laisser s'échapper un jus couleur « sang ».

S'il vous est impossible de vous procurer des petits pois frais, choisissez-les de préférence congelés. Ils contiennent moins de sel que ceux en conserve et ont une couleur plus naturelle.

Gagnez du temps dans la cuisine,
ayez une place pour chaque chose,
mettez chaque chose à sa place.

77
Canard au jus de navet

Pour 4 personnes

4 poitrines de canard (150 g – 5 oz)
chacune

150 ml (½ tasse) de jus de navet

8 oignons blancs (ciboules)

100 g (3½ oz) de julienne de carottes

100 g (3½ oz) de julienne de navets

300 ml (1¼ tasse) de fond de canard
(voir recette 2)

Jus de ½ citron

Sel et poivre

Menu proposé

37 **Crème d'oseille**

Canard au jus de navet

113 **Pommes givrées**

Extraire le jus de navet avec une centrifugeuse.

Faire sauter et cuire doucement les légumes dans une poêle anti-adhésive. Saler et poivrer.

Colorer les poitrines de canard dans une poêle anti-adhésive Assaisonner.

Terminer la cuisson dans un four à 350 °F (175 °C) pendant 7 à 8 minutes. Garder rosé.

Retirer les poitrines de la casserole. Déglacer avec leur jus et le jus de navet. Ajouter le jus de citron.

Réduire jusqu'à 100 ml (½ tasse). Vérifier l'assaisonnement.

Dégraisser et couper les poitrines en aiguillettes (en tranches fines dans le sens de la longueur).

Poser les légumes dans le fond de chaque assiette.

Étaler en éventail les aiguillettes de canard.

Verser la sauce en cordon, autour de l'assiette.

- Si vous n'avez pas de centrifugeuse, des boutiques spécialisées en jus frais pourraient vous extraire votre jus de navet.

- Des petits navets accompagnent très bien ce plat.

Ajouter un peu de sucre à la cuisson du navet améliore sa saveur.

78
Aiguillettes de canard aux pleurotes

Pour 4 personnes

4 poitrines de canard (150 g – 5 oz) chacune

400 ml (2 tasses) de fond de canard (voir recette 2)

50 ml (3 c. à soupe) d'huile d'arachide

200 g (7 oz) de pleurotes frais

50 g (2 oz) d'échalotes hachées

Sel et poivre

Menu proposé

38 **La santé de légumes**

Aiguillettes de canard aux pleurotes

119 **Œufs à la neige aux fraises**

Trancher les pleurotes frais.

Faire colorer les poitrines de canard dans une casserole contenant de l'huile. Saler et poivrer.

Cuire dans un four à 350 °F (175 °C). Les garder rosées. La cuisson terminée, retirer les poitrines et garder au chaud.

Enlever la graisse de la plaque et ajouter le fond. Laisser bouillir de manière à dissoudre les sucs laissés par le canard. Réduire jusqu'à 100 ml (½ tasse) et passer dans une passoire.

Faire sauter les échalotes hachées dans l'huile sur un feu très vif et y ajouter les pleurotes.

Trancher les poitrines en aiguillettes.

Déposer les pleurotes, puis les aiguillettes de canard dans le fond de l'assiette. Arroser avec le jus.

● Servir des légumes frais, par exemple un gratin de tomates et courgettes en accompagnement.

Si le canard a une peau trop épaisse et grasse, vous pouvez le dégraisser pour réduire votre consommation de matières grasses.

79

Noisettes d'agneau à la brunoise de légumes

Pour 4 personnes

**12 côtes d'agneau bien dégraissées
(150 g – 5 oz max. chaque portion)**

Pour la brunoise :

80 g (3 oz) de carotte

80 g (3 oz) de céleri

80 g (3 oz) de navet

50 ml (3 c. à soupe) d'huile d'olive

250 ml (1 tasse) de jus d'agneau
(voir recette 3)

**120 ml (½ tasse) de xérès (ou
madère)**

Sel et poivre

Menu proposé

15 **Terrine de loup de mer au basilic**
**Noisettes d'agneau à la brunoise
de légumes**

129 **Poires au vin rouge et au cassis**

Tailler la brunoise de légumes.

Saisir à l'huile les noisettes d'agneau dans une
poêle à feu vif. Les cuire à votre goût.
(Je les préfère rosées.) Assaisonner.

Retirer les noisettes. Enlever l'excédent de
graisse. Dans la même poêle, faire suer la
brunoise de légumes de 2 à 3 minutes.
Ajouter le xérès.

Faire réduire de moitié. Ajouter le jus
d'agneau et réduire à ½ tasse. Rectifier
l'assaisonnement.

Déposer vos côtelettes dans l'assiette et
napper de sauce et des légumes.

● Des lentilles braisées (voir recette 94)
peuvent servir d'accompagnement.

● La brunoise est une préparation constituée
de légumes coupés en fine julienne et
retaillés en très petits dés.

**Il est important d'enlever le plus de gras visible sur les côtelettes d'agneau.
Le gras contenu dans la chair et l'ajout d'un filet d'huile suffiront amplement à sa cuisson.**

80
Côtelettes d'agneau à la moutarde et émincé de poireaux

Pour 4 personnes

12 côtelettes d'agneau (150 g – 5 oz chacune)

450 g (1 lb) de poireaux

150 ml (¾ tasse) de vin blanc

15 g (1 c. à soupe) de moutarde forte

50 ml (3 c. à soupe) d'huile d'arachide

100 ml (½ tasse) de jus d'agneau
(voir recette 3)

Sel et poivre

Menu proposé

36 Crème de citrouille dans son écrin

Côtelettes d'agneau à la moutarde et émincé de poireaux

114 Gratin de fruits frais au sabayon de muscadet

Nettoyer et émincer le poireau en tranches minces. Dans une poêle anti-adhésive, le faire suer doucement pendant 5 minutes. (Le poireau va cuire dans son eau de végétation.)

Dégraisser les côtelettes d'agneau et les cuire rosées dans une poêle anti-adhésive avec un peu d'huile. Assaisonner. Retirer les côtelettes et éliminer la graisse de la poêle.

Ajouter le vin blanc et le jus d'agneau. Laisser dissoudre tous les sucs. Réduire légèrement, puis ajouter 1 cuillerée de moutarde forte.

Déposer l'émincé de poireaux dans le fond de chaque assiette et les côtelettes d'agneau par-dessus. Arroser avec le jus.

Comme l'oignon et l'ail, le poireau a toujours appartenu à la tradition culinaire, où il joue le double rôle de condiment et de légume. De plus, le poireau a l'avantage d'être pauvre en calories et riche en vitamine A.

81
Noisettes d'agneau en papillotes
à la purée de céleri-rave

Pour 4 personnes

4 carrés d'agneau de 250 g (8 oz)
   chacun
4 brins de thym
Jus d'agneau (voir recette 3)
Purée :
   2 pommes
   300 g (10 oz) de céleri-rave
   ½ l (2 tasses) de lait à 2%

Menu proposé

18 **Filets de sardines crues sur**
     paillasson de pommes de terre
    Noisettes d'agneau en papillotes
    à la purée de céleri-rave
126 **Pruneaux à l'orange**

Prélever les filets des carrés d'agneau en les
   désossant. Réserver les os pour le jus
   d'agneau.
Dégraisser les filets et les couper en 4 noisettes.
Saisir les noisettes quelques secondes dans
   une poêle anti-adhésive très chaude.
   Assaisonner.
Laisser refroidir.
Former 4 rectangles de papier d'aluminium et
   placer dans chacun d'eux 4 noisettes
   d'agneau et 1 brin de thym. Refermer sur
   le dessus.

Purée de céleri-rave :

Éplucher le céleri-rave et le couper en
   morceaux.
Éplucher, épépiner les pommes et les couper
   en morceaux.
Cuire le céleri-rave et les pommes dans le lait
   pendant 30 minutes à feu moyen.
Égoutter et passer au mélangeur en ajoutant
   un peu de lait pour amener cette purée à
   la consistance d'une mousse. Vérifier
   l'assaisonnement.

Cuire les papillotes d'agneau dans un four très
   chaud (400 °F ou 200 °C) 5 minutes environ.
Servir aussitôt en ouvrant les papillotes
   devant les convives et accompagner de la
   purée de céleri-rave et du jus d'agneau.

À travers les siècles, l'agneau a été longtemps associé aux célébrations et aux fêtes.
Aujourd'hui, il peut figurer à vos repas de tous les jours, si vous le dégraissez bien
et si vous utilisez un mode de cuisson « santé ».

Une assiette bien présentée,
c'est un sourire du cuisinier.

82
Médaillons d'agneau aux raisins

Pour 4 personnes

16 médaillons d'agneau (coupés dans la selle) d'environ 35 g – 1¼ oz chacun

50 g (2 oz) d'échalotes hachées

400 ml (2 tasses) de jus d'agneau
(voir recette 3)

40 grains de gros raisins blancs

180 g (6 oz) de champignons

5 g (1 c. à thé) de poivre vert

15 g (1 c. à soupe) de gelée de menthe

Sel et poivre

Menu proposé

40 Salade de blanc de lotte à l'huile de noisette

Médaillons d'agneau aux raisins

115 Papillotes à la banane et aux bleuets

Peler et retirer les pépins des raisins (facultatif).

Assaisonner les médaillons d'agneau qui seront préalablement dégraissés.

Faire sauter les médaillons des 2 côtés dans une poêle anti-adhésive, jusqu'à l'obtention d'une cuisson rosée. Assaisonner. Retirer et garder au chaud.

Faire sauter les échalotes hachées quelques minutes dans la même poêle. Ajouter le poivre vert écrasé, puis le jus d'agneau.

Réduire de moitié.

Passer la sauce. Ajouter la gelée de menthe. Vérifier l'assaisonnement.

Réchauffer les raisins quelques minutes dans la sauce.

Faire sauter les champignons très rapidement à chaleur vive dans une poêle anti-adhésive. Assaisonner.

Placer 4 médaillons d'agneau dans chaque assiette. Arroser avec la sauce.

Disposer avec harmonie les champignons au milieu et les raisins autour des médaillons.

Les raisins sont des fruits pauvres en calories. Ils ne servent pas uniquement à la préparation de nectars « euphoriques » et se marient fort bien avec plusieurs viandes, qu'ils rendent succulentes et attrayantes.

83

Râbles de lapereau au jus de céleri sur lit de chou

Pour 4 personnes

Râbles de 2 lapins (150 g – 5 oz pour chaque râble)

900 g (2 lb) de chou vert

90 g (3 oz) de bacon (le moins gras possible)

250 ml (1 tasse) de jus de céleri

1 branche de romarin

50 ml (3 c. à soupe) d'huile d'arachide

Sel et poivre

Jus de lapereau :

1 petite carotte

1 petit oignon

1 petit bouquet garni

Menu proposé

26 **Petits pots de foies blonds de volaille**

Râbles de lapereau au jus de céleri sur lit de chou

128 **Tartes aux pommes à ma mode**

Prélever les râbles sur les 2 lapins (les cuisses et les hauts étant mis de côté pour un autre usage).

Désosser les râbles de manière à obtenir 4 filets. Retirer les nerfs. Conserver les os, qui serviront pour le jus.

Faire colorer les râbles dans une poêle anti-adhésive. Assaisonner.

Prendre 4 rectangles de papier d'aluminium. Y placer un peu de romarin et le râble, puis fermer en roulant. Réserver.

Émincer le chou vert finement.

Couper le bacon en petits dés.

Blanchir le chou vert émincé dans une casserole d'eau bouillante. Rafraîchir.

Faire revenir le bacon dans une casserole.

Ajouter le chou et laisser étuver de 8 à 10 minutes.

Sauce :

Faire le jus de lapereau en faisant revenir les os avec les carottes et les oignons coupés en morceaux. Ajouter le bouquet garni et couvrir avec de l'eau. Saler et poivrer. Cuire 30 minutes. Passer au chinois et réduire à 1 tasse (250 ml).

Faire le jus de céleri à l'aide d'une centrifugeuse et l'ajouter à celui du lapereau. Réduire le tout à ½ tasse (125 ml). Lier légèrement avec un beurre manié.

Cuire le lapereau au four sur une plaque de 8 à 10 minutes. (Il doit rester juteux.)

Étendre le chou dans le fond de chaque assiette.

Retirer l'enveloppe d'aluminium et couper les râbles en petits médaillons. Les disposer sur le chou.

Napper de sauce.

- Quelques légumes frais accompagneront très bien ce plat.

- Liaison :
La liaison idéale est une purée de légumes. Dans ce cas-ci une purée de céleri. Si le temps le permet, préparer une purée de céleri que vous ajouterez au jus à la dernière minute. Dans le cas contraire, un petit peu de beurre manié permettra à la sauce de ne pas se séparer quand vous ferez votre réduction. (Le jus de céleri se sépare à l'ébullition.)
De toute façon, faites des sauces légères ; vous y gagnerez en qualité.

Ne pas trop cuire le chou, il conservera ainsi sa saveur et sa teneur en vitamine C.

84
Côtes de porc aux pruneaux

Pour 4 personnes

4 côtes de porc de 150 g (5 oz) dégraissées

300 g (10 oz) de pruneaux dénoyautés

30 g (1 oz) de sucre

50 ml (3 c. à soupe) d'huile d'arachide

Sauce :

  1 petite carotte

  1 petit oignon

  1 petite branche de céleri

  1 petit bouquet garni

250 ml (1 tasse) de vin rouge

30 ml (2 c. à soupe) de vinaigre de vin rouge

Sel et poivre

Menu proposé

25 **Feuilleté d'escargots à la purée d'aubergines**

   Côtes de porc aux pruneaux

117 **Compote de pêches à la menthe fraîche**

Recouvrir les pruneaux avec de l'eau. Ajouter le sucre et faire tremper pendant 2 heures.

Sauce :

Éplucher les légumes et les couper en morceaux.

Faire revenir les légumes dans une casserole avec un peu d'huile.

Ajouter le bouquet garni, le vinaigre, le vin rouge, le sel et le poivre. Laisser mijoter 20 minutes pour obtenir 250 ml (1 tasse).

Passer dans un chinois et lier légèrement avec un beurre manié.

Égoutter les pruneaux et les déposer dans la sauce. Laisser mijoter 10 minutes.

Cuire doucement les côtes de porc dans une casserole avec un peu d'huile. Saler et poivrer. Tenir au chaud.

Déposer dans chaque assiette la côte de porc. Répartir les pruneaux tout autour.

Servir avec une pomme de terre tournée et bouillie.

● Il est préférable de ne faire des sauces que très légèrement liées et de bien dégraisser les côtes de porc avant la cuisson.

Une fois le gras visible retiré, la viande de porc n'est pas plus grasse que le bœuf.

87

Rognons de veau à la façon de Grand-mère

Pour 4 personnes

2 rognons de veau de 250 g (8 oz) chacun
400 g (15 oz) de tomates
1 tranche de 150 g (5 oz) de jambon cuit
250 g (8 oz) de champignons de Paris
50 ml (3 c. à soupe) d'huile d'arachide
50 g (2 oz) d'échalotes hachées
Sel et poivre

Menu proposé

27 **Saumon fumé tiède à la purée de cresson**
Rognons de veau à la façon de Grand-mère
127 **Pommes en cage**

Retirer la graisse et la petite peau qui recouvre les rognons ainsi que le nerf du milieu.

Saisir les rognons dans une poêle. Assaisonner. Couvrir et cuire au four de 10 à 15 minutes selon la grosseur des rognons. Les garder rosés.

Dégraisser le jambon et le découper en petits dés.

Peler, épépiner et couper les tomates en dés.

Couper les champignons en 4.

Faire revenir les échalotes avec un peu d'huile ; ajouter les tomates, le jambon et les champignons et cuire de 7 à 8 minutes doucement et à couvert.

Placer la garniture (tomates, jambon, champignons) dans le fond de chaque assiette et disposer les rognons tranchés par-dessus.

Si vous avez la chance d'avoir des champignons fraîchement cueillis, ils remplaceront avantageusement les champignons de Paris. Il est bien sûr important d'avoir de bonnes connaissances en mycologie.

88
Filet de cheval au thé et à l'anis

Pour 4 personnes

4 filets mignons de cheval de 150 g
(5 oz) chacun

200 ml (1 tasse) de vin blanc

1 sachet de thé

5 g (1 c. à thé) d'anis séché

50 g (2 oz) d'épices (divers poivres,
coriandre, muscade et herbes
fraîches ou à défaut séchées)

50 g (3 c. à soupe) de miel

150 g (5 oz) de pousses de soja

50 ml (3 c. à soupe) d'huile d'arachide

250 ml (1 tasse) de fond de veau
(voir recette 1, ou en cubes)

Menu proposé

34 Soupe de concombres au yogourt
rafraîchi

Filet de cheval au thé et à l'anis

103 Sorbet aux framboises

24 heures à l'avance :

Mélanger les épices, ajouter le miel et enduire
les filets de cheval avec ce mélange. Les
envelopper dans une pellicule plastique.

Infuser dans le vin blanc le sachet de thé et
l'anis. Réduire des ⅔ et passer au chinois.

Ajouter le fond de veau et le jus qui s'est
formé dans la pellicule plastique.

Réduire à ⅔ de tasse. Vérifier l'assaisonnement.

Faire sauter les pousses de soja quelques
secondes dans une poêle anti-adhésive
avec un filet d'huile. Assaisonner.

Cuire les filets de cheval à votre goût.

Déposer les pousses de soja dans le fond de
chaque assiette et poser le filet dessus.

Napper de sauce.

● Vous pouvez accompagner ce plat de vos
légumes préférés.

**Démystifions la viande de cheval ! Tendre et savoureuse, la viande chevaline est moins grasse
que la viande de boeuf. C'est un aliment à privilégier dans un menu santé.**

89
Filet de cheval aux oignons rouges

Pour 4 personnes

4 tournedos de cheval de 150 g (5 oz) chacun

150 g (5 oz) d'oignons rouges

50 ml (3 c. à soupe) de vinaigre de vin rouge

400 ml (2 tasses) de fond de veau
(voir recette 1, ou en tablette)

20 ml (1 c. à soupe) de miel

15 ml (1 c. à soupe) d'huile d'arachide

Sel et poivre

Menu proposé

37 **Crème d'oseille**

Filet de cheval aux oignons rouges

118 **Millefeuilles légers aux bleuets**

Éplucher et couper en tranches les oignons rouges.

Faire sauter les oignons dans une poêle anti-adhésive, en remuant constamment jusqu'à colororation. Ajouter le vinaigre et réduire de moitié.

Ajouter le fond de veau et réduire de nouveau de moitié.

Ajouter le miel et assaisonner avec le sel et le poivre.

Cuire les tournedos au goût, dans une autre poêle, avec un filet d'huile.

Verser la sauce d'oignons rouges dans le fond de chaque assiette.

Déposer le filet dessus et server immédiatement.

● Brocoli ou chou-fleur iront très bien en légumes d'accompagnement.

La viande de cheval s'apprête comme la viande de boeuf.
Elle se conserve toutefois moins bien que les autres viandes de boucherie.

90
Mignons de chevreuil (ou caribou) aux atocas

Pour 4 personnes

8 médaillons de chevreuil (pris dans le filet ou le contre-filet) de 70 g (2½ oz) chacun

180 g (6 oz) d'atocas

500 ml (2 tasses) de jus d'orange

25 g (1 oz) d'échalotes hachées

15 ml (1 c. à soupe) de miel

400 ml (2 tasses) de purée de marron

400 ml (2 tasses) de fond de gibier
(voir recette 2)

15 g (1 c. à soupe) d'herbes hachées (fraîches de préférence)

Sel et poivre

Menu proposé

28 **Deux truites à la ciboulette et à l'huile de noix**

Mignons de chevreuil aux atocas

123 **Papaye rafraîchie au fenouil**

Cuire les médaillons à votre goût dans une poêle anti-adhésive. Saler et poivrer. Garder au chaud.

Ajouter le jus d'orange et le miel dans la même poêle. Porter à ébullition et ajouter les atocas. Laisser cuire quelques minutes.

Retirer les atocas et garder au chaud.

Ajouter le fond de gibier dans la même poêle et réduire jusqu'à 150 ml (¾ tasse). À la dernière minute, ajouter les herbes hachées.

Faire sauter dans une autre poêle les échalotes hachées. Ajouter et chauffer la purée de marron.

Verser la sauce dans le fond de chaque assiette. Disposer les médaillons de chevreuil dessus. Placer les atocas au milieu. Puis, avec 2 cuillers à soupe, former 2 quenelles de purée de marron que l'on disposera de chaque côté.

● Les viandes de venaison ont des valeurs caloriques très basses et un forte teneur en fer et en vitamines.

● On pourra se procurer la purée de marron dans une épicerie fine.

● Le fond de gibier sera préparé avec les os de chevreuil ou de caribou.

Les viandes de venaison contiennent généralement moins de gras que les viandes de boucherie.

Les légumes

L'importance des légumes pour la santé a, depuis longtemps, été reconnue. Les médecins en ont vanté les mérites à leurs patients et les mères ont grondé leurs enfants pour qu'ils en mangent et cela, bien avant que l'on ne parle de diététique !

Grâce à leur contenu en vitamines, en minéraux, en fibres et en sucres naturels, les légumes représentent un capital pour la santé. Ils doivent être aussi valorisés que les autres groupes d'aliments et préparés avec le même soin.

Parmi toutes les denrées, les légumes constituent probablement la nourriture la plus variée et la plus abondante ; ils témoignent des recherches effectuées au cours des siècles sur les plantes comestibles. Graines, feuilles, tiges, racines ou germes, ils se consomment de multiples manières. Malheureusement, les étalages de légumes ne reflètent pas toujours cette réalité, particulièrement en hiver, où les légumes ont parfois « mauvaise mine ». Dans ce cas, les légumes congelés peuvent être d'un excellent secours. En évitant de trop les cuire, ils conservent un bel aspect et fourniront sensiblement les mêmes éléments nutritifs que s'ils étaient frais. Par rapport aux légumes en conserve, ils ont aussi l'avantage de contenir moins de sel.

91
Petits radis rouges au pineau des Charentes

Pour 4 personnes
450 g (1 lb) de petits radis rouges
15 ml (1 c. à soupe) d'huile d'arachide
**100 ml (½ tasse) de pineau des
Charentes**

Jus de 1 citron
Sel et poivre

Équeuter et laver les radis.

Chauffer l'huile dans une casserole, ajouter les radis et les faire revenir doucement pendant 5 minutes.

Ajouter le pineau et 200 ml (1 tasse) d'eau.

Saler, poivrer et laisser cuire pendant environ 15 minutes ou jusqu'à ce que le liquide soit presque réduit. Les radis doivent être alors cuits et tendres.

Ajouter le jus de citron.

Servir chaud.

- Ce plat accompagne bien, en général, les volailles et le gibier.

**Tout en contenant peu de calories, le radis a l'avantage de fournir une bonne quantité
de vitamine C, de potassium et de magnésium.
Vous les aimez crus ? Essayez-les cuits ; vous en raffolerez.**

92
Émincé de chou rouge aux pommes

Pour 4 personnes
500 g (1 lb 2 oz) de chou rouge
2 pommes
300 g (10 oz) d'oignons

100 ml (½ tasse) de vinaigre de vin rouge
50 ml (3 c. à soupe) d'huile d'arachide
Sel et poivre

Nettoyer le chou ; supprimer les premières feuilles et retirer les grosses côtes. Émincer le chou finement.

Hacher les oignons.

Peler, épépiner et émincer les pommes.

Faire chauffer l'huile dans une casserole et faire revenir les oignons hachés doucement.

Ajouter le chou et mélanger quelques minutes avec une cuiller de bois.

Ajouter le vinaigre, puis de l'eau jusqu'à mi-hauteur du chou.

Ajouter les pommes émincées. Saler et poivrer. Laisser cuire doucement de 20 à 30 minutes.

Servir chaud.

La couleur du chou ne modifie pas sa valeur nutritive.
Cru ou cuit, il constitue une excellente source de vitamine C.

93
Panais sautés aux amandes

Pour 4 personnes	120 g (4 oz) de haricots verts
450 g (1 lb) de panais	1 pointe d'ail haché
150 g (5 oz) d'amandes effilées	15 ml (1 c. à table) d'huile d'arachide
150 g (5 oz) d'oignon haché	Sel et poivre

Éplucher et couper le panais en fines juliennes.

Équeuter les haricots verts et les couper en julienne.

Faire sauter l'oignon et la pointe d'ail hachés, avec l'huile, dans une poêle anti-adhésive pendant 1 minute.

Ajouter la julienne de panais et de haricots verts et faire sauter pendant 5 minutes, jusqu'à ce que les légumes deviennent tendres. Saler et poivrer.

Parsemer d'amandes effilées et servir aussitôt.

● Le panais contient une grande quantité de protéines et de vitamines B.

Sauter rapidement le panais dans une petite quantité d'huile d'arachide est un excellent moyen de sauvegarder sa valeur nutritive.

94
Lentilles braisées

Pour 4 personnes
240 g (8 oz) de lentilles
100 g (3 oz) d'oignons
50 g (1½ oz) de carottes
50 g (1½ oz) de poireaux
1 tomate concassée

500 ml (2 tasses) d'eau ou de fond de veau (voir recette 1, ou en cubes)
1 petite gousse d'ail
15 ml (1 c. à soupe) d'huile d'olive
Sel et poivre

Laver les lentilles dans l'eau et retirer celles qui flottent.

Éplucher les légumes et les couper finement.

Faire sauter les légumes dans une casserole anti-adhésive pendant 2 à 3 minutes, avec un peu d'huile et la tomate concassée. Ajouter l'eau ou le fond de veau et l'ail écrasé.

Ajouter les lentilles bien égouttées et porter à ébullition. Saler, poivrer et laisser cuire environ 30 minutes à feu doux. Écumer fréquemment. (Le temps de cuisson est fonction de leur qualité.)

● Il n'est pas nécessaire de faire tremper les lentilles, contrairement aux autres légumes secs.

● Lorsqu'elles sont cuites, vous pouvez faire une purée de lentilles en les passant dans votre mélangeur. Il n'est pas nécessaire d'ajouter tout le liquide de cuisson : la purée doit avoir une bonne consistance. Accompagnée de pain de blé entier, elle peut faire office de repas-minute succulent et nutritif.

Les lentilles fraîches, comparativement aux lentilles en conserve, offrent l'avantage de contenir beaucoup moins de sel.

95
Riz brun pilaf

Pour 4 personnes
150 g (5 oz) de riz brun
120 g (4 oz) d'oignons hachés
1 petit bouquet garni

300 ml (1¼ de tasse) d'eau ou de bouillon de volaille dégraissé
15 ml (1 c. à soupe) d'huile d'olive
Sel

Faire chauffer l'huile d'olive dans une casserole et y faire suer l'oignon haché sans le colorer.

Ajouter le riz brun en tournant constamment pendant 2 minutes.

Verser l'eau ou le bouillon de volaille. Saler et ajouter le bouquet garni. Porter à ébullition.

Couvrir d'un papier d'aluminium et cuire au four à 375 °F (190 °C) pendant 15 à 20 minutes.

Au terme de la cuisson, le riz doit s'égrener sans difficulté à l'aide d'une fourchette. Servir aussitôt.

Le riz brun contient plus de fibres que le riz blanc, parce qu'il a été moins transformé.

96

Gratinée de tomates et courgettes

Pour 6 personnes

1 kg (2 lb 3 oz) de tomates
1 kg (2 lb 3 oz) de courgettes
2 oignons
1 gousse d'ail
2 poivrons verts ou rouges

1 aubergine
50 ml (3 c. à soupe) d'huile d'arachide
5 g (1 c. à thé) d'herbes fraîches
25 g (1 oz) de parmesan râpé
Sel et poivre

Éplucher et émincer les oignons.

Couper les poivrons en deux, enlever les graines et les couper en julienne.

Couper en tranches fines l'aubergine, non épluchée.

Faire dorer dans une poêle avec un peu d'huile, les oignons, les poivrons et l'aubergine.

Ajouter l'ail écrasé, le sel et le poivre puis déposer le tout dans un plat à gratin.

Éplucher les courgettes en laissant une lanière de peau sur deux.

Couper les courgettes et les tomates en tranches.

Placer sur la fondue de légumes (oignons, poivrons et aubergines) des rangées de tomates et de courgettes en alternance. Saler et poivrer.

Saupoudrer des herbes hachées et cuire au four à 350 °F (175 °C) pendant 20 à 30 minutes.

Parsemer de parmesan râpé environ 10 minutes avant la fin de la cuisson. Servir chaud.

Même si la tomate a longtemps été considérée comme vénéneuse et est restée une plante ornementale jusqu'au XVIIIe siècle, on lui reconnaît aujourd'hui plusieurs vertus. Cuite ou crue, entière, en tranches ou pelée et épépinée, elle se prête à toutes sortes de préparations. De plus, elle est très riche en eau, pauvre en calories et contient des vitamines A et C.

97
Galettes de maïs

Pour 4 personnes
450 g (1 lb) d'épis de maïs
180 ml (¾ tasse) de lait écrémé
120 g (4 oz) de fromage blanc à 0,5%

2 œufs
80 g (2½ oz) de farine
Sel et poivre
Noix de muscade

Éplucher, laver et blanchir les épis de maïs dans le lait.

Retirer les grains de maïs des épis.

Conserver le lait pour la pâte.

Mélanger doucement le lait, le fromage blanc, les œufs et la farine.

Additionner les grains de maïs, le sel, le poivre et un peu de noix de muscade.

Cuire les galettes dans une poêle anti-adhésive jusqu'à ce qu'elles prennent une belle couleur brune de chaque côté.

● Ces galettes sont un très bon accompagnement pour les viandes grillées ou les volailles.

● Si votre poêle anti-adhésive est en bon état, vos galettes ne colleront pas. Sinon, vous aurez besoin d'un peu d'huile.

Comparativement aux autres légumes, le maïs contient une plus grande quantité de sucres et de protéines, ce qui en fait un aliment d'accompagnement plus substantiel.

98
Carottes glacées

Pour 4 personnes
400 g (15 oz) de carottes épluchées
30 g (1 oz) de beurre

15 g (1 c. à soupe) de sucre
Sel

Couper les carottes en rondelles d'environ 5 mm (¼ po) d'épaisseur.

Mettre les carottes dans une sauteuse et les recouvrir d'eau.

Ajouter le beurre, le sucre et saler.

Poser sur la sauteuse un papier sulfurisé (ou d'aluminium) et cuire très doucement jusqu'à évaporation complète de l'eau, sans que les carottes se colorent. Au terme de l'évaporation de l'eau les carottes doivent être fermes, mais cuites. Le sucre et le beurre leur auront donné un bel aspect brillant.

Appréciée par les petits et par les grands, la carotte tient sa renommée nutritionnelle de son exceptionnel contenu en vitamine A. Assurez-vous qu'une cuisson trop prolongée ne ternisse pas son apparence et son goût.

99
Fricassée de jeunes légumes au basilic

Pour 4 personnes
Selon le marché :
4 oignons blancs
4 petites carottes
8 radis
4 petits navets
1 cœur de céleri
1 tomate pelée, épépinée et coupée en dés
90 g (3 oz) de haricots verts fins
8 pointes d'asperges vertes ou blanches
¼ de chou-fleur
Sel et poivre

Vinaigrette :
15 g (1 c. à soupe) de basilic haché
15 ml (1 c. à soupe) d'huile d'olive
30 ml (2 c. à soupe) d'huile de tournesol
1 filet de vinaigre blanc
Jus de 1 citron
Sel et poivre

Laver et préparer les légumes en les débitant de façon harmonieuse. Conserver les queues des jeunes légumes.

Cuire les légumes « al dente » à l'eau salée.

Rafraîchir sous l'eau froide.

Préparer la vinaigrette en mélangeant les huiles, le vinaigre, le jus de citron, le sel, le poivre et le basilic haché.

Faire tiédir la vinaigrette pendant quelques minutes, dans une casserole, avec tous les jeunes légumes.

Servir tiède.

Deux règles d'or à respecter pour conserver à ces aliments toutes leurs qualités nutritives :
éviter de faire tremper les légumes avant de les faire cuire
et utiliser le minimum d'eau salée pour leur cuisson.

100
Ratatouille

Pour 4 personnes	120 ml (½ tasse) d'huile d'arachide
300 g (10 oz) d'aubergines	**15 ml (1 c. à soupe) d'huile d'olive vierge**
300 g (10 oz) de courgettes	**1 petit bouquet garni**
450 g (1 lb) de tomates	**15 ml (1 c. à soupe) de concentré de tomates**
250 g (8 oz) de poivrons verts et rouges	**Sel et poivre**
100 g (3 oz) d'oignons	
2 gousses d'ail	

Peler et épépiner les tomates.

Couper les poivrons en deux et retirer les pépins.

Essuyer l'aubergine.

Éplucher les courgettes de manière à obtenir des rayures.

Couper tous les légumes en gros dés.

Éplucher et hacher l'ail et les oignons.

Faire dorer les oignons dans l'huile d'arachide.

Ajouter l'ail, le concentré de tomates, les dés de tomates fraîches et le bouquet garni. Saler et poivrer.

Laisser cuire doucement en remuant de temps en temps jusqu'à évaporation de l'eau.

Faire sauter les courgettes dans l'huile d'arachide. Lorsqu'elles seront bien colorées, égoutter dans une passoire. Procéder de la même façon avec les aubergines et les poivrons.

Ajouter tous les légumes dans la préparation de tomates. Mélanger délicatement. Vérifier l'assaisonnement. Laisser cuire encore quelques minutes. Retirer le bouquet garni.

● Juste avant de servir, on peut mélanger le tout avec de l'huile d'olive.

Pour la cuisson, il est conseillé d'utiliser de l'huile d'olive ou d'arachide, à cause de leur meilleure stabilité à la chaleur.

101
Poireaux aux zestes d'orange

Pour 4 personnes
450 g (1 lb) de poireaux
50 ml (3 c. à soupe) d'huile d'arachide
1 orange (la peau uniquement)

150 ml (⅔ tasse) d'eau
50 g (2 oz) de sucre
Sel et poivre

Laver et retirer la peau de l'orange à l'aide d'un couteau en évitant de laisser la partie blanche et amère. Couper en julienne fine.

Cuire la julienne dans une casserole avec l'eau et le sucre pendant 15 minutes. Réserver.

Laver le poireau, le couper en deux et le tronçonner en morceaux de 1 cm (½ po).

Faire sauter les poireaux avec l'huile d'arachide jusqu'à ce qu'ils deviennent tendres. Saler et poivrer. Cette cuisson doit être rapide, de 4 à 5 minutes environ.

Disposer les poireaux en dôme, surmontés des zestes d'oranges bien égouttés.

Le poireau, d'un goût assez délicat, est très répandu, ce qui lui a valu en France le surnom « d'asperge du pauvre ». Riche en cellulose, en sels minéraux et en vitamine A, il est, en revanche, pauvre en calories.

102
Spaghettis de blé à la ciboulette et aux tomates

Pour 4 personnes
240 g (8 oz) de spaghettis de blé frais
30 g (2 c. à soupe) de ciboulette

45 ml (3 c. à soupe) d'huile d'olive
450 g (1 lb) de tomates
Sel et poivre

Cuire les spaghettis de blé dans une grande quantité d'eau bouillante salée. Compter de 3 à 4 minutes à partir de la reprise de l'ébullition.

Peler, épépiner et couper en dés les tomates.

Hacher la ciboulette.

Faire chauffer l'huile d'olive dans une poêle. Ajouter les tomates en cubes et la ciboulette. Saler et poivrer. Maintenir à feu doux.

Égoutter et rincer à l'eau tiède les spaghettis et les mélanger à la préparation de tomates.

Servir chaud immédiatement.

- Rincer les spaghettis cuits à l'eau tiède permet de retirer la couche d'amidon qui les rend souvent collants.

Les aliments à grains entiers sont une très bonne source de fibres alimentaires à privilégier dans une alimentation-santé.

Les desserts

Tout bon repas, aussi diététique soit-il, ne saurait être complet sans une touche finale. Les desserts d'antan, riches en gras et en sucre, ont cédé la place à toute une gamme de desserts allégés encore plus irrésistibles. Grâce à des ingrédients de choix et à des quantités diminuées de sucre et de gras, ces desserts ont l'avantage d'être moins riches en calories et plus nutritifs.

De tous les aliments, les fruits constituent probablement les ingrédients privilégiés des desserts allégés. Grâce à leur grande variété, ils confèrent à ces desserts couleur, saveur, fraîcheur et valeur nutritive. Du fait qu'ils contiennent des sucres « naturels », ils permettent de réduire la quantité de sucre nécessaire, même dans la préparation des desserts plus traditionnels.

Laissez-vous séduire par ces desserts aux nouveaux visages (sorbets, mousses, purées de fruits, etc.) et sucrez-vous le bec... au naturel ! Si vous le désirez, vous pouvez même les agrémenter d'un soupçon de yogourt. Vous y gagnerez encore en goût et en valeur nutritive.

Sorbets

J'ai toujours trouvé que les sorbets étaient quelque chose d'extraordinaire, pour leur goût, pour leur fraîcheur et parce qu'ils sont bons pour la santé. Mais qu'ils semblaient donc compliqués à réussir chez soi ! Nous ne sommes pas tous équipés de sorbetières et de pèse-sirops. Comment savoir quand on avait atteint le bon degré et la bonne quantité de sirop !

Les recettes de sorbets qui suivent vous libéreront de tous ces tracas et avec de bons fruits mûrs, vous allez réaliser de délicieux sorbets « santé ».

N'attendez pas l'été pour déguster fraises, framboises, bleuets, etc. Ces petits fruits, riches en vitamine C, ont pratiquement la même valeur nutritive congelés que frais. En toute saison, ils ajoutent du soleil à vos menus !

Sorbets

103
Sorbet aux framboises

104
Sorbet aux bleuets

105
Sorbet aux fraises

106
Sorbet aux pêches

107
Sorbet aux raisins

Sauces

108
Sauce à la vanille

109
Sauce à l'orange

110
Coulis aux fraises, framboises ou bleuets

Desserts glacés

111
Fleur des champs rafraîchie

112
Granité de pamplemousse et larme de kirsch

113
Pommes givrées

Desserts froids et tièdes

114
Gratin de fruits frais au sabayon de muscadet

115
Papillotes à la banane et aux bleuets

116
Terrine de poires et de fraises

117
Compote de pêches à la menthe fraîche

118
Millefeuilles légers aux bleuets

119
Œufs à la neige aux fraises

120
Nage de melon et cerises au pineau
des Charentes

121
Mousse de mangue en fleur

122
Ma crème santé

123
Papaye rafraîchie au fenouil

124
Petits pots au thé vert

125
Soupe de figues aux agrumes

126
Pruneaux à l'orange

127
Pommes en cage

128
Tartes aux pommes à ma mode

129
Poires au vin rouge et au cassis

103
Sorbet aux framboises

Pour 4 personnes

450 g (1 lb) de framboises mûres,
  congelées
50 g (2 oz) de sucre
1 blanc d'œuf
Jus de 1 citron

Menu proposé

31 **Fumet d'escargots à la pointe de curry**
57 **Millefeuilles de saumon aux épinards**
   Sorbet aux framboises

Passer au mélangeur les framboises congelées, le sucre, le blanc d'œuf et le jus de citron, et broyer jusqu'à ce que les framboises se forment en pâte gelée.

Mettre au congélateur et servir le jour même.

● Vous allez trouver dans ce sorbet les graines de framboises... ce que je trouve personnellement agréable.

Enfin une recette simple et savoureuse composée de bons fruits et d'un soupçon de sucre.

104
Sorbet aux bleuets

Pour 4 personnes
450 g (1 lb) de bleuets congelés
50 g (2 oz) de sucre
1 blanc d'œuf
Jus de 1 citron

Menu proposé
41 **Salade de cailles aux champignons**
60 **Tartare de saumon aux pousses de soja**
Sorbet aux bleuets

Passer au mélangeur les bleuets congelés, le sucre, le blanc d'œuf et le jus de citron et broyer jusqu'à ce que les bleuets forment une pâte gelée. Mettre au congélateur et servir le jour même.

● Vous allez retrouver les petites peaux des bleuets, mais cela est loin d'être désagréable au goût.

Pour conserver aux fruits toute leur richesse nutritive, il est préférable de les préparer au dernier moment afin de minimiser la perte en vitamine C.

105
Sorbet aux fraises

Pour 4 personnes

**450 g (1 lb) de fraises mûres,
congelées**

50 g (2 oz) de sucre

1 blanc d'œuf

Jus de 1 citron

Menu proposé

34 **Soupe de concombres au yogourt
rafraîchi**

63 **Mahi-mahi en laitue**

Sorbet aux fraises

Couper les fraises en deux ou en quatre si
elles sont trop grosses.

Passer au mélangeur les fraises congelées, le
sucre, le blanc d'œuf et le jus de citron.
Broyer jusqu'à ce que les fraises forment
une pâte gelée.

Mettre au congélateur et servir le jour même.

Pour tous les sorbets :

● Il est difficile de donner le temps du
broyage en pâte gelée. Mais vous allez voir
rapidement l'aspect du sorbet se former au
bout de quelques minutes. Si le broyage
est trop long le mélange se liquéfiera, ce
qui est à éviter.

106
Sorbet aux pêches

Pour 4 personnes

450 g (1 lb) de pêches mûres, congelées et coupées en tranches
50 g (2 oz) de sucre
1 blanc d'œuf
Jus de 1 citron

Passer au mélangeur les tranches de pêches
congelées, le sucre, le blanc d'œuf et le jus
de citron. Broyer jusqu'à ce que les pêches
forment une pâte gelée.

Mettre au congélateur et servir le jour même.

● Ce sorbet peut être fait avec des pêches en
conserve, mais n'en attendez pas le même
résultat.

**Il n'est pas nécessaire d'utiliser le sirop dans lequel les fruits en conserve baignent lors
de la préparation d'un sorbet : vous réduirez ainsi votre consommation de sucre.**

107
Sorbet aux raisins

Pour 4 personnes
450 g (1 lb) de raisins sans pépins
50 g (2 oz) de sucre
1 blanc d'œuf
Jus de 1 citron

Menu proposé

39 **Saumon et moules tièdes en salade et asperges vertes**
69 **Fricassée de poulet de grain et pintadeau au vinaigre de framboise**
Sorbet aux raisins

Égrener le raisin et le mettre au congélateur.

Passer au mélangeur les raisins congelés le sucre, le blanc d'œuf et le jus de citron et broyer jusqu'à ce que les raisins se forment en pâte gelée.

108
Sauce à la vanille

Pour 4 personnes
300 ml (1½ tasse) de lait écrémé
3 jaunes d'œufs
30 g (1 oz) de sucre

150 g (5 oz) de yogourt nature à teneur réduite en matières grasses
1 petites gousse de vanille ou extrait de vanille

Mélanger le sucre et les jaunes d'œufs dans un grand récipient.

Verser le lait qu'on aura fait chauffer avec la vanille. Bien mélanger.

Cuire à feu doux en remuant. Ne pas faire bouillir, car les œufs cuiraient.

Refroidir doucement, puis ajouter le yogourt en fouettant.

109
Sauce à l'orange

Pour 4 personnes
150 ml (¾ tasse) de jus d'orange
25 g (1 oz) de sucre
1 écorce d'orange en julienne

Mettre le jus d'orange, le sucre et la julienne d'écorce d'orange dans une casserole.

Chauffer doucement jusqu'à ce que le sucre se dissolve.

Réduire le liquide à 100 ml (½ tasse).

En excellente compagnie
les plats ont toujours meilleur goût !

110
Coulis aux fraises, framboises ou bleuets

Pour 4 personnes

150 g (5 oz) de fraises, framboises ou bleuets

Jus de ½ citron

25 g (1 oz) de sucre

50 ml (3 c. à soupe) d'eau

Trier et équeuter si besoin est, les fraises, framboises ou bleuets.

Verser dans le mélangeur avec le sucre et le jus de citron.

Broyer une trentaine de secondes.

Ajouter de l'eau si la préparation est trop épaisse et garder au réfrigérateur.

● Certains pourraient trouver les graines de framboises désagréables. Dans ce cas, verser le coulis à travers une passoire fine.

111
Fleur des champs rafraîchie

Pour 4 personnes
Sorbet aux pêches (voir recette 106)
Coulis de framboises
   (voir recette 110)
2 kiwis
4 belles fraises
24 boules de melon cantaloup, faites
   à la cuiller parisienne

Menu proposé
17 **Saumon mariné à l'aneth**
73 **Blancs de pintade aux amandes**
    Fleur des champs rafraîchie

Confectionner une fleur à l'aide des fruits.
Verser le coulis dans le fond de chaque
   assiette à l'emplacement des feuilles.

Former 2 quenelles de sorbet à l'aide de 2
   cuillers à soupe et les déposer sur le coulis.

Cette recette est un bouquet de fraîcheur en même temps qu'un plaisir pour les yeux.

112
Granité de pamplemousse et larme de kirsch

Pour 4 personnes

6 pamplemousses
50 ml (3 c. à soupe) de kirsch
Jus de 1 citron
30 g (1 oz) de sucre

Menu proposé

16 **Charlotte de pétoncles et esturgeon fumé**
70 **Poulet au gros sel**
    Granité de pamplemousse et larme de kirsch

Découper 4 pamplemousses en forme de panier avec une anse. Retirer la pulpe sans abîmer l'écorce et les conserver au congélateur.

Éplucher les 2 autres pamplemousses.

Rassembler les pulpes des pamplemousses dans un mélangeur ; ajouter le jus du citron, le sucre et le kirsch. Broyer pendant 30 secondes.

Verser ce jus dans une plaque à travers une passoire et mettre au congélateur pendant environ 3 heures.

Ratisser de temps en temps avec une fourchette, pour que le granité prenne en paillettes.

Sortir les pamplemousses givrés du congélateur et les garnir avec le granité.

Servir immédiatement.

Puisque le pamplemousse contient une forte proportion d'eau, son poids, à l'achat, constitue un bon indice de son contenu en jus.

113
Pommes givrées

Pour 4 personnes

4 pommes
50 ml (2 oz) de sucre
200 ml (1 tasse) de Perrier
200 ml (1 tasse) de jus de pomme
25 ml (2 c. à soupe) de calvados
Jus de 2 citrons

Menu proposé

14 **Gâteau de légumes**
51 **Pétoncles aux algues et coulis de persil**
  Pommes givrées

Couper un chapeau de 2,5 cm (1 po) d'épaisseur du côté de la tige. A l'aide d'une cuiller parisienne, retirer la chair de la pomme sans abîmer l'écorce et conserver cette chair en éliminant les pépins. Réserver.

Mettre les pommes et leur chapeau dans une casserole et les recouvrir d'eau.

Ajouter le jus d'un citron et faire pocher pendant 5 minutes. Retirer et laisser refroidir. Réserver au congélateur.

Faire le granité :

Mettre la chair des pommes dans une casserole. Ajouter le jus d'un citron, le sucre et le jus de pomme. Laisser cuire 5 minutes à feu moyen. Verser cette compote au mélangeur. Broyer pour obtenir une purée bien lisse.

Verser dans un bol et ajouter le Perrier et le calvados. Verser le mélange sur une plaque et laisser pendant 3-4 heures au congélateur. Gratter de temps en temps avec une fourchette, pour qu'il reste en paillettes.

Sortir les pommes givrées du congélateur. Les remplir avec le granité. Les coiffer de leur chapeau.

Servir aussitôt sur une petite assiette.

La pomme contient plusieurs vitamines et minéraux et est relativement faible en calories.
La pomme... surtout pas un fruit défendu... pour la santé !

114
Gratin de fruits frais au sabayon de muscadet

Pour 4 personnes
2 oranges
150 g (6 oz) de raisins blancs
100 g (4 oz) de raisins noirs
1 kiwi
8 fraises
1 poire mûre
25 g (1 oz) de sucre
50 ml (¼ tasse) de calvados

Sabayon:
2 jaunes d'œufs
50 g (2 oz) de sucre
50 ml (¼ tasse) de muscadet

Menu proposé

26 **Petits pots de foies blonds de volaille**

67 **Fricassée de lotte aux tomates fraîches**

Gratin de fruits frais au sabayon de muscadet

Peler et couper les oranges en quartiers
Laver et égrener les raisins.
Éplucher et couper le kiwi en quartiers.
Éplucher, épépiner et couper la poire en lamelles.
Dresser tous les éléments harmonieusement dans 4 assiettes creuses.
Mélanger le calvados au sucre et répartir sur les fruits.

Confectioner le sabayon :

Mettre les jaunes d'œufs dans un bol à mélanger. Incorporer le sucre et le muscadet.

Mélanger énergiquement au fouet, sur le coin du feu ou dans un bain-marie. Éviter de cuire à trop haute température, ce qui entraînerait la cuisson des œufs. La température ne doit pas excéder 140 °F ou 60 °C. Lorsque ce mélange atteint une consistance crémeuse, répartir le sabayon sur les fruits.

Faire gratiner sous votre gril jusqu'à ce que la surface prenne une jolie coloration.
Servir aussitôt.

**Le kiwi, qui est cultivé en Nouvelle-Zélande, en est presque devenu le symbole.
Très bon au goût, il est aussi beaucoup utilisé pour sa couleur.**

115
Papillotes à la banane et aux bleuets

Pour 4 personnes

4 petites bananes
250 g (8 oz) de bleuets
50 ml (2 oz) de sucre
80 ml (⅓ tasse) de Grand Marnier
30 g (1 oz) de marmelade d'oranges
Zeste de 1 citron

Menu proposé

45 **Salade d'automne**
52 **Homards au chou**
   Papillotes à la banane et aux bleuets

Éplucher les bananes et disposer chacune d'elles sur un papier d'aluminium rectangulaire. (Du papier sulfurisé peut être utilisé.)

Former les papillotes en forme de bateau, sans les fermer complètement, de manière à pouvoir ajouter les bleuets, le sucre, la marmelade d'oranges, le Grand Marnier et les zestes de citron.

Refermer le tout et cuire dans un four à 425 °F (220 °C) pendant 5 à 6 minutes.

Servir aussitôt. La papillote, ouverte à table, aura un arôme exquis.

Une vieille légende du Sri Lanka assure que la banane est le « véritable » fruit défendu du Paradis Terrestre.

116
Terrine de poires et de fraises

Pour 10 personnes (1 terrine de 6 x 2½ x 2½)

8 poires mûres

450 g (1 lb) de fraises lavées et équeutées

100 ml (½ tasse) de jus d'orange

15 g (½ oz) de marmelade d'oranges

30 g (1 oz) de sucre à glacer

6 feuilles de gélatine ou 12 g (½ oz) de gélatine en poudre

10 feuilles de menthe

Coulis de framboises
(voir recette 110)

Menu proposé

25 **Feuilleté d'escargots à la purée d'aubergines**

86 **Rognons de veau au vermicelle de riz et au soja**

Terrine de poires et de fraises

Éplucher, couper en deux et évider l'intérieur des poires.

Mettre les poires à blanchir dans de l'eau pendant 8 minutes environ, puis les égoutter sur un papier absorbant.

Choisir les 4 poires les moins fermes et les passer dans votre mélangeur pour les réduire en purée.

Mettre dans une casserole. Ajouter le jus d'orange et porter à ébullition.

Ramollir les feuilles de gélatine dans l'eau froide. Les presser et les mettre à fondre dans la pulpe de poire encore chaude. Ajouter la marmelade d'oranges. Laisser refroidir.

Prendre la terrine et commencer le montage en déposant dans le fond une couche de pulpe de poire à l'orange, puis une couche de poires pochées en tranches.

De nouveau, une couche de pulpe, puis une couche de fraises coupées en deux. Répéter l'opération pour terminer avec une couche de pulpe à l'orange.

Placer au réfrigérateur environ 2 heures.

Démouler la terrine en la trempant dans l'eau chaude. La découper délicatement et dresser sur des assiettes individuelles avec le coulis de framboises autour. Décorer avec les feuilles de menthe.

Consommer frais.

- Pour faciliter le découpage, placer votre terrine au congélateur 2 heures avant de la trancher.

- Lorsque vous versez la pulpe d'orange, passer le moule quelques minutes au congélateur avant de mettre la couche de poires ou de fraises ; ceci permettra à la gélatine de se solidifier un peu.

Les poires : il en existe plus de 3000 variétés, mais seulement quelques douzaines sont commercialisées. Si elles ne sont pas mûres, laissez-les à la température de la pièce. Pour la cuisson, une poire légèrement ferme est souvent meilleure.

117
Compote de pêches à la menthe fraîche

Pour 4 personnes
800 g (1 lb 5 oz) de pêches fraîches
100 ml (½ tasse) d'eau
100 g (3 oz) de sucre
250 g (8 oz) de framboises
10 feuilles de menthe fraîche
1 citron

Menu proposé
25 **Feuilleté d'escargots à la purée d'aubergines**
84 **Côtes de porc aux pruneaux**
   Compote de pêches à la menthe fraîche

Laver, couper les pêches en 8 et retirer les noyaux.

Faire des zestes avec l'écorce du citron et couper en julienne.

Mettre les pêches dans une casserole, avec le sucre, l'eau, le jus et la julienne de citron, puis les feuilles de menthe fraîche. (Conserver quelques feuilles pour la décoration.)

Porter à ébullition et laisser cuire doucement pendant environ 10 minutes.

Laisser refroidir.

Répartir la compote de pêches dans chaque assiette et garnir avec les framboises. Décorer avec une feuille de menthe.

Il existe plusieurs sortes de menthes. Les plus connues sont la menthe verte ou douce, la menthe poivrée et la menthe aquatique.

118
Millefeuilles légers aux bleuets

Pour 4 personnes

300 g (10 oz) de yogourt nature à teneur réduite en matières grasses

175 ml (¾ tasse) de crème à 35%

30 g (1 oz) de sucre

200 g (7 oz) de bleuets

5 g (1 c. à thé) de beurre

5 ml (1 c. à thé) d'huile d'arachide

8 feuilles de pâte « Filo »

Coulis de bleuets (voir recette 110)

Menu proposé

32 **Soupe aux cuisses de grenouilles**

61 **Flétan en écailles vertes et tomates concassées**

Millefeuilles légers aux bleuets

Brosser individuellement 4 feuilles de pâte « Filo » avec le mélange de beurre fondu et d'huile d'arachide. Les superposer les unes sur les autres.

Couper 16 ronds (de 4 feuilles) à l'aide d'un emporte-pièce de 7 cm (2½ pouces) de diamètre.

Placer chaque paquet de « Filo » sur une plaque de pâtisserie et cuire dans un four à 400 °F (200 °C), jusqu'à l'obtention d'une coloration dorée.

Faire mariner les bleuets avec le sucre quelques minutes dans un récipient.

Monter la crème à 35% avec un fouet. Ajouter le yogourt et le reste du sucre. Puis les bleuets.

Monter les millefeuilles sur chaque assiette en commençant par un paquet de pâte « Filo », le mélange de bleuets et recommencer deux autres fois. Terminer par la pâte.

Verser le coulis de bleuets autour.

119

Œufs à la neige aux fraises, sauce à la vanille

Pour 4 personnes
4 blancs d'œufs
25 g (1 oz) de sucre
1 filet de jus de citron
150 g (5 oz) de fraises lavées et
équeutées
30 g (1 oz) d'amandes effilées grillées
Sauce à la vanille (voir recette 108)

Menu proposé
38 La santé de légumes
78 Aiguillettes de canard aux
pleurotes
Œufs à la neige aux fraises

Monter les blancs en neige à l'aide d'un fouet jusqu'à ce qu'ils deviennent durs. Continuer de battre, tout en additionnant petit à petit le sucre, puis le filet de jus de citron.

Mettre le lait à bouillir avec la vanille. Au premier frémissement, à l'aide de 2 cuillers à soupe, donner aux blancs montés une forme ovale et les déposer dans le lait.

Retourner avec précaution les blancs pour les pocher complètement sur chaque face.

Retirer les blancs à l'aide d'une écumoire et les déposer sur un papier absorbant.

Verser la sauce vanille dans 4 assiettes à soupe.

Placer les blancs d'œufs pochés au milieu. Disposer avec goût les fraises, puis parsemer d'amandes effilées grillées.

Les œufs neige portent aussi le nom d'« Îles Flottantes ».

Une bonne santé
commence par un bon déjeuner.

120
Nage de melon et cerises au pineau des Charentes

Pour 4 personnes

2 melons mûrs

300 ml (1¼ tasse) de pineau des Charentes

200 g (7 oz) de cerises

30 g (1 oz) de sucre semoule

Zeste de 1 citron

4 feuilles de menthe

Menu proposé

21 **Fleurs de courgettes farcies**

50 **Brochettes de pétoncles au gingembre**

Nage de melon et cerises au pineau des Charentes

Ouvrir les melons en les découpant en dents de scie à l'aide d'un couteau. Éliminer tous les pépins.

Prélever de petites boules de melon à l'aide d'une cuiller parisienne.

Dénoyauter les cerises en les coupant en deux.

Mélanger dans un saladier, les cerises, les boules de melon, le sucre, le pineau des Charentes et le zeste de citron. Laisser macérer environ 2 heures.

Dresser la nage de melon dans les demi-melons. Décorer avec les feuilles de menthe.

Choisir un melon cataloup n'est pas simple. Certains le hument longuement ; d'autres examinent la couronne, autour de la queue, qui indique si le melon est mûr.

121

Mousse de mangue en fleur

Pour 4 personnes

1 mangue de 800 g (1 lb 5 oz)

2 œufs séparés

30 g (1 oz) de sucre

3 feuilles de gélatine ou 6 g de
gélatine neutre

10 ml (2 c. à thé) de jus de citron

75 g (2½ oz) de fromage Quark

3 feuilles de pâte « Filo »

5 g (1 c. à thé) de beurre

Sauce à l'orange (voir recette 109)

Menu proposé

38 La santé de légumes

64 Truites en papillotes aux têtes de
violon

Mousse de mangue en fleur

Couper chaque feuille de pâte « Filo » en 8.

Placer, dans 4 ramequins de 12 cm (5 po) de diamètre, les carrés de pâte préalablement brossés avec du beurre fondu, de manière à former une fleur.

Cuire dans un four à 400 °F (200 °C) jusqu'à l'obtention d'une couleur dorée.

Confectionner la mousse :

Éplucher et passer la chair de la mangue dans votre mélangeur de manière à obtenir une purée. (Conserver quelques tranches de mangue pour la décoration.)

Monter les jaunes avec le sucre dans un récipient au bain-marie, jusqu'à une consistance épaisse. (Ne pas cuire.)

Dissoudre la gélatine dans un peu d'eau, puis la mélanger à la purée de mangue avec le jus de citron.

Fouetter ce mélange dans les jaunes montés et laisser refroidir sans laisser durcir.

Mélanger le tout au fromage Quark.

Fouetter les blancs d'œufs jusqu'à consistance dure et les ajouter au dernier mélange.

Mouler la mousse dans les fleurs de pâte « Filo » et laisser prendre au réfrigérateur.

Étendre la sauce à l'orange dans chaque fond d'assiette. Placer la fleur garnie de mousse dessus.

Décorer l'assiette avec les tranches de mangue.

La mangue rentre aussi dans la composition du « chutney indien » un condiment très renommé.

122
Ma crème santé

Pour 4 personnes

60 ml (2 oz) de flocons d'avoine

100 ml (½ tasse) de lait écrémé

125 g (6 oz) de yogourt à basse
teneur en matières grasses.

60 ml (4 c. à soupe) de sirop d'érable

1 pomme rouge, lavée et épépinée

1 poire, lavée et épépinée

600 g (1 lb 5 oz) de fruits : fraises,
framboises, bleuets, mûres, etc.

60 g (2 oz) de noix ou amandes
hachées

4 fraises, pour décorer

Menu proposé

35 Soupe de radis aux deux herbes

58 Escalopes de saumon à la mousse
de cresson

Ma crème santé

Tremper pendant 15 minutes les flocons
d'avoine dans le lait tiède, puis ajouter le
yogourt et le sirop d'érable.

Râper la pomme et la poire, puis ajouter au
mélange.

Couper les fruits, si nécessaire, et ajouter aussi
au mélange.

Mélanger les noix ou les amandes au tout.

Verser la crème dans une belle coupe en verre.

Décorer d'une belle fraise et de feuilles de
menthe.

Une recette idéale aussi pour votre petit-déjeuner !

123
Papaye rafraîchie au fenouil

Pour 4 personnes

4 papayes de 300 g (10 oz)

50 g (2 oz) de sucre

15 g (1 c. à soupe) de branches de
fenouil haché.

45 ml (3 c. à soupe) de Sambuca

Menu proposé

28 **Deux truites à la ciboulette et à
l'huile de noix**

90 **Mignons de chevreuil aux atocas**
Papaye rafraîchie au fenouil

Couper la papaye en deux et en retirer les
pépins.

Détailler à l'aide d'une cuiller parisienne, des
petites boules de papaye, en prenant soin
de ne pas percer la coque.

Conserver les boules dans un saladier et
récupérer 4 demi-coques de papaye pour
le service

Récupérer le reste de la chair de papaye, qui
n'a pu être mise en boule, et faire une
purée à l'aide du mélangeur. Mélanger
cette purée dans un bol, avec le sucre, le
Sambuca, le fenouil haché et les petites
boules de papaye.

Mettre au réfrigérateur pendant 2 heures.

Transférer les boules de papaye macérées
dans les demi-coques et décorer avec une
petite branche de fenouil.

La papaye et un soupçon de fenouil : deux saveurs qui font un heureux mariage.

124
Petits pots au thé vert

Pour 4 personnes

½ l (2¼ tasses) de lait à 2%
5 blancs d'œufs
50 g (2 oz) de sucre
2 sachets de thé vert
2 oranges découpées en sections
Sauce à l'orange (voir recette 109)

Menu proposé

33 **Soupe au melon**
55 **Petits filets de sole à la matignon d'endives**
Petits pots au thé vert

Faire chauffer le lait dans une casserole jusqu'au premier frémissement. Le retirer du feu, y déposer les sachets de thé vert et laisser infuser 10 minutes environ. Retirer les sachets.

Battre légèrement les blancs d'œufs dans un bol environ 15 secondes. Ajouter le sucre et mélanger.

Ajouter le lait tiède sur les blancs d'œufs et mélanger doucement le tout. (Si de la mousse s'est formée sur le dessus, la retirer.)

Verser le mélange dans des petits pots de faïence, genre ramequins. Les déposer dans un bain-marie frémissant et cuire au four pendant 30 minutes à 350 °F (175 °C).

Laisser refroidir et placer au réfrigérateur.

Démouler les petits pots, à l'aide d'un petit couteau passé le long des parois, dans chacune des assiettes.

Répartir la sauce à l'orange autour et décorer avec des quartiers d'orange.

Au Japon, le thé vert fait l'objet de cérémonies ancestrales.

125
Soupe de figues aux agrumes

Pour 4 personnes

8 figues fraîches

4 oranges

2 pamplemousses

150 g (5 oz) de sucre

150 ml (¾ tasse) de jus d'orange

50 ml (¼ tasse) de jus de citron

4 petits bouquets de feuilles de menthe

Menu proposé

37 **Crème d'oseille**

59 **Filet de saumon à la provençale**

Soupe de figues aux agrumes

Peler les figues avec précaution.

Peler à vif et prélever les quartiers d'oranges et de pamplemousses.

Émincer en julienne l'écorce d'une orange et d'un pamplemousse.

Préparer le sirop avec le sucre, le jus d'orange, le jus de citron et les juliennes de fruits. Remuer et porter à ébullition. Dès l'ébullition atteinte, plonger les figues et les quartiers d'oranges et de pamplemousses. Retirer du feu. Laisser refroidir.

Servir dans des coupes et décorer avec quelques feuilles de menthe.

La figue fraîche est un fruit qui mériterait d'être davantage connu pour sa saveur et son velouté.

126
Pruneaux à l'orange

Pour 4 personnes
400 g (¾ lb) de pruneaux secs
400 ml (2 tasses) de vin rouge
2 oranges tranchées en rondelles
½ citron tranché en rondelles
1 bâton de cannelle
50 g (2 oz) de sucre
1 gousse de vanille (facultatif)

Menu proposé

18 **Filets de sardines crues sur paillasson de pommes de terre**
81 **Noisettes d'agneau en papillotes à la purée de céleri-rave**
 Pruneaux à l'orange

Faire tremper toute une nuit les pruneaux dans de l'eau.

Égoutter les pruneaux et retirer les noyaux.

Mettre les pruneaux dans une casserole, avec le vin rouge, les tranches d'orange et de citron, le sucre, la cannelle et la vanille (facultatif).

Porter à ébullition et laisser cuire à feu doux pendant 10 minutes.

Laisser refroidir.

Retirer le bâton de cannelle et la gousse de vanille.

Disposer en harmonie, dans une assiette, les pruneaux, les tranches d'orange et de citron.

Verser le jus sur le dessus.

Servir froid.

**Les prunes, rouges ou violettes, deviennent « pruneaux » une fois séchées et traitées.
On leur reconnaît de nombreuses vertus.**

127
Pommes en cage

Pour 4 personnes
4 pommes à cuire
4 feuilles de pâte « Filo »
90 g (3 oz) de raisins de Corinthe
50 ml (3 c. à soupe) de calvados
15 g (1 c. à soupe) de beurre
30 g (1 oz) de sucre
Sauce à la vanille (voir recette 108)

Menu proposé
47 **Salade de champignons crus**
56 **Filets de sole au porto**
Pommes en cage

Faire gonfler pendant 2 heures les raisins de Corinthe avec le calvados.

Éplucher les pommes et évider le centre avec un vide-pomme.

Faire fondre le beurre et à l'aide d'un pinceau, badigeonner les feuilles de « Filo » séparément. Les plier en quatre.

Placer une pomme sur chaque carré de pâte.

Insérer les raisins dans le trou de la pomme.

Saupoudrer le sucre sur chaque pomme et ramener les 4 coins de la pâte, de manière à former une cage.

Placer les 4 pommes sur une plaque anti-adhésive et recouvrir d'un papier d'aluminium. Cuire au four à 300 °F (150 °C) pendant 30 minutes environ. Dans les dernières minutes de cuisson, retirer le papier de manière à ce que la pâte prenne une couleur dorée.

Étendre la sauce à la vanille chaude dans le fond de chaque assiette.

Déposer la pomme au-dessus et servir chaud.

Un pomme chaque jour, la santé pour toujours !

128
Tartes aux pommes à ma mode

Pour 4 personnes
50 g (2 oz) de farine de blé
50 g (2 oz) de flocons d'avoine
100 ml (½ tasse) d'eau
1 pincée de sel
5 ml (1 c. à thé) d'huile de tournesol
Garniture :
  4 pommes à cuire
  10 g (2 c. à thé) de beurre
  30 g (1 oz) de sucre

Menu proposé

43 **Salade d'épinards et sorbet de tomates**
53 **Homards aux agrumes**
    Tartes aux pommes à ma mode

Préparer la pâte en passant au mélangeur la farine de blé et les flocons d'avoine. Ajouter l'eau et le sel. Mélanger une vingtaine de secondes.

Sortir la pâte du mélangeur, la pétrir en boule et la faire reposer 30 minutes au réfrigérateur. L'emballer dans une pellicule plastique.

Diviser la pâte en quatre parties égales, en faire quatre petites boules et, avec un rouleau légèrement enfariné, étendre la pâte en 4 ronds de 12 cm (5 po) de diamètre.

Disposer chaque rond de pâte sur une plaque de pâtisserie anti-adhésive, légèrement huilée.

Éplucher les pommes, les couper en deux, les épépiner et les détailler en tranches de ½ cm (¼ po) d'épaisseur. Les ranger en rosaces sur toute la surface de la pâte.

Étendre sur le dessus des pommes, quelques petits morceaux de beurre et les saupoudrer de sucre.

Enfourner les tartes dans un four à 375 °F (190 °C) pendant environ 20 minutes. La tarte doit prendre une belle couleur dorée.

Servir chaud.

● Ce dessert peut être servi avec un coulis de fraises.

Les flocons d'avoine : fibres et sucres naturels.

129

Poires au vin rouge et au cassis

Pour 4 personnes

4 poires William
½ l (2 tasses) de vin rouge corsé
60 ml (4 c. à soupe) de crème de cassis
2 clous de girofle
4 grains de poivre
1 pincée de cannelle
80 g (3 oz) de sucre

Menu proposé

15 **Terrine de loup de mer au basilic**
79 **Noisettes d'agneau à la brunoise**
de légumes
Poires au vin rouge et au cassis

Faire bouillir pendant 10 minutes dans une casserole (dans laquelle on placera les poires) le vin, le sucre, les clous de girofle, les grains de poivre et la cannelle.

Éplucher les poires en prenant soin de conserver la queue. Retirer les pépins par le fond de la poire en utilisant une cuiller parisienne.

Mettre les poires dans le vin et laisser cuire doucement à couvert. (Les poires doivent rester un peu fermes et ne doivent pas s'écraser après la cuisson.) Les retirer de la casserole.

Passer le vin dans une passoire et laisser refroidir.

Dresser les poires individuellement dans les coupes.

Arroser avec le vin et la crème de cassis.

- Vous pouvez servir en accompagnement du yogourt à basse teneur en matière grasse ou un sorbet de fruits frais de votre choix.

Harmonie de la crème de cassis – peut-être mieux connue dans le « kir » –
avec ce vieux classique qu'est la poire au vin rouge.

Table des recettes

Fonds et sauces

Les entrées

Les soupes et les potages

Les salades

Poissons, mollusques et crustacés

Petit et gros gibier, viande et volaille

Les légumes

Les desserts

Remerciements

Je voudrais remercier toutes les personnes qui m'ont facilité la réalisation de ce livre.

J'aimerais exprimer toute ma reconnaissance à Madame Anne Sigier qui a pris la responsabilité de ce projet. Elle m'a aidé par ses conseils, son étroite collaboration et par la confiance qu'elle m'a accordée.

Un remerciement spécial à Pierre Fleury pour la perfection de son travail au niveau de la photographie.

Merci à Guy Drolet de la distillerie Meaghers Limitée.

Pour les magnifiques assiettes, merci à :

Madame Morissette de « La Maison de Josée »   Québec
Madame Béland de la compagnie « Stokes »   Québec
Madame Légaré de « Blanc-Crème »   Québec
« Royal Limoges »   Québec

Ma reconnaissance aussi à la Brigade du Hilton International Québec et plus spécialement aux sous-chefs Alex Arbaut, Jacky Tourny, Yvan Lebrun, pour leur aide précieuse et leur encouragement de tout instant.

Enfin merci à Marie pour son excellent support.